UTB **3231**

Eine Arbeitsgemeinschaft der Verlage

Böhlau Verlag · Köln · Weimar · Wien
Verlag Barbara Budrich · Opladen · Farmington Hills
facultas.wuv · Wien
Wilhelm Fink · München
A. Francke Verlag · Tübingen und Basel
Haupt Verlag · Bern · Stuttgart · Wien
Julius Klinkhardt Verlagsbuchhandlung · Bad Heilbrunn
Lucius & Lucius Verlagsgesellschaft · Stuttgart
Mohr Siebeck · Tübingen
Orell Füssli Verlag · Zürich
Ernst Reinhardt Verlag · München · Basel
Ferdinand Schöningh · Paderborn · München · Wien · Zürich
Eugen Ulmer Verlag · Stuttgart
UVK Verlagsgesellschaft · Konstanz
Vandenhoeck & Ruprecht · Göttingen
vdf Hochschulverlag AG an der ETH Zürich

Richard Heinrich

Wahrheit

facultas.wuv

Richard Heinrich, ao. Univ.-Prof. Dr., lehrt am Institut für Philosophie der Universität Wien

Bibliografische Information Der Deutschen Nationalbibliothek
Die Deutsche Nationalbibliothek verzeichnet diese Publikation
in der Deutschen Nationalbibliografie;
detaillierte bibliografische Daten sind im Internet über
http://d-nb.de abrufbar.

1. Auflage 2009

© 2009 Facultas Verlags- und Buchhandels AG
facultas.wuv, Berggasse 5, 1090 Wien, Österreich
Alle Rechte vorbehalten

Reihenkonzept und Umschlagentwurf: Alexandra Brand
Umschlagumsetzung: Atelier Reichert Stuttgart
Satz: Ekke Wolf, typic.at
Druck: Druckerei Pustet, Regensburg
Printed in Germany

ISBN 978-3-8252-3231-3

Inhalt

Warum Wahrheit?

Wahrheit im Profil

Anhang

Warum Wahrheit?

Interessen und Zugänge

Dieses Buch handelt von der Wahrheit vor allem aus philosophischer Sicht – besser: von der Wahrheit aus verschiedenen philosophischen Gesichtspunkten. Denn es ist nicht zu dem Zweck geschrieben, eine bestimmte Auffassung oder gar Theorie der Wahrheit als die einzig richtige zu empfehlen; es ist nicht einmal darauf angelegt, voneinander abweichende Theorien nach einem durchgehenden Maßstab zu vergleichen und zu bewerten. Sondern an einem historischen Leitfaden werden wichtige Konstellationen dargestellt, in denen sich das Denken gleichsam um den Begriff der Wahrheit gebündelt hat. In manchen Fällen sind daraus neue Deutungen von *Wahrheit* selbst erwachsen – in anderen erscheint *Wahrheit* eher als Begriff, der die Systematik eines auf weitere Ziele ausgreifenden Denkens stützt, ohne selbst problematisch zu werden.

Die offene Konzeption des Buches soll jedoch keineswegs die Botschaft vermitteln, dass die Entwicklung einer Theorie der Wahrheit, die modernen wissenschaftlichen Anforderungen entspricht, nicht eine philosophische Aufgabe von höchster Bedeutung wäre. Das Ausscheiden trivialer und widersprüchlicher Ansätze, die Systematisierung gesicherter Argumente, die Konkurrenz innovativer Thesen – wie in jeder Wissenschaft sind dies auch in der Philosophie die elementaren Verfahren zielorientierter Forschung. Von Aristoteles wurden sie als Standards verbindlich gemacht und in groß angelegten Theorien (Logik, Physik, Biologie, Ontologie) beispielhaft umgesetzt. Allerdings scheint es, dass in der Philosophie bereits überholte und widerlegte Konzeptionen langfristig weiterwirken können. Das liegt wohl daran, dass philosophische Theorien nicht nur durch ihr Verhältnis zu konkurrierenden Ansätzen mit ähnlichem Anspruch bestimmt sind, sondern in einem hohen Maß durch ihre Wechselwirkung mit außertheoretischen (etwa ökonomischen oder religiösen) Annahmen, Voraussetzungen und Zielen. So lösen Denkweisen und Argumentationen immer wieder philosophiegeschichtliche Bewegungen aus, auch wenn sie schon einmal in einer Abfolge von kritischen Entwicklungen überholt und als unhaltbar erkannt worden waren. Man findet an den Theorien der Wahrheit selbst ein anschauliches Beispiel: Denn einerseits ist tatsächlich die Rückbindung aller Fragestellungen an die Probleme der Satz-Wahrheit zu einer Voraussetzung des Eintritts in die wissenschaftliche Diskussion geworden. Auf die Frage, in welchem Zusammenhang überhaupt ein verbindliches Sprechen über Wahrheit zu erreichen ist, lautet die Antwort unausweichlich: in dem Kontext, wo es um die Wahrheit und Falschheit von Sätzen geht. Mancherlei Alternativen, die einem unvoreingenommenen Geist ebenso plausibel erscheinen, werden dadurch freilich ausgeschlossen, etwa die Auffassung der Wahrheit als Echtheit oder Unverfälschtheit (das wahre Wesen einer Sache, einer Person oder der Welt). Und dann kann aber die philosophische Vertiefung derartiger Ansätze doch noch einmal Impulse geben und zur Artikulation von aktuell interessanten Fragen und Positionen führen – wie das Beispiel Martin Heideggers und seiner Auseinandersetzung mit Aristoteles zeigt. Die eigentlich philosophiegeschichtliche Arbeit stellt viele ihrer interessantesten Fragen aus der Wahrnehmung solcher Verschiebungen und Resonanzen. Dieses Buch – wenn auch nicht der Disziplin historischer Forschung verpflichtet – versucht jedenfalls den Blick darauf offenzuhalten.

Man darf aus den bisher angestellten Überlegungen ableiten, dass Wahrheit in der Geschichte der Philosophie nicht bloß *ein* Problem ist; mindestens ebenso wichtig freilich: sich bewusst zu halten, dass sie keineswegs nur ein philosophisches Problem darstellt. Geben wir ihr doch in verschiedensten Zusammenhängen eminente Bedeutung, ohne damit ausdrücklich philosophische Verbindlichkeiten einzugehen. Solche Bereiche sind das Recht, die Wissenschaft, die Geschichte, die Politik, die Theologie. Für das Selbstverständnis der europäischen Philosophie ist es gewiss entscheidend, dass und wie Platon sie von einem Anspruch auf Wahrheit her geradezu definiert hat – aber das bedeutet nicht, dass in diese Definition nicht auch Gehalte eingingen, die unabhängig, in politischen und rechtlichen Verhältnissen, artikuliert waren. Derartige Einflüsse finden immer statt, sie werden bloß in bestimmten historischen Situationen – wie bei der Neuordnung des Weltbildes in der Renaissance – besonders auffällig. Das philosophische Denken hat andere Agenturen, die unser Verständnis von Wahrheit prägen, also nicht nur stets neben sich, sondern wird von ihnen wesentlich stimuliert. Der Umstand spiegelt sich deutlich genug in der Sprache, mit der Philosophie sich das Begriffsfeld *Wahr-*

heit erschließt, nämlich zu einem großen Teil in Ausdrücken, die ihren Gehalt aus solchen angrenzenden Sphären beziehen: Wahrhaftigkeit, Aufrichtigkeit, Vertrauen aus der Ethik und Politik, Gültigkeit aus der Logik, Wahrscheinlichkeit und Plausibilität aus Rhetorik, Wirtschaft, Politik; Beweisbarkeit schließlich aus der Wissenschaft. Daher wird es letztlich nicht das einzige oder übergreifende Ziel sein können, *die* philosophische Wahrheitstheorie – oder die *philosophische Theorie* der Wahrheit – zu entwickeln. Weder die trennscharfe Abgrenzung, noch der universelle Begründungsanspruch werden der Eigenart der Fragestellung gerecht. An dem Begriff *Wissen* lässt sich das Gewicht solcher Interferenzen vorgreifend skizzieren: Er ist wohl länger als irgendein anderer das Ziel analytischer Anstrengungen in der Philosophie – und scheint doch seine Konturen immer wieder auch äußeren Einflüssen anzupassen.

Vielleicht kann sich Philosophie noch heute – wie bei Platon – mit einer Erklärung von *Wissen* gleichsam selbst erklären, also ihre Stellung im Gesamtzusammenhang intellektueller Aktivitäten und Ansprüche befestigen. Sollte es so sein, dann spielt dabei die Implikation der Wahrheit durch das Wissen eine entscheidende Rolle: Wovon sich herausstellt, dass es nicht wahr ist, das kann letztlich nicht gewusst, sondern nur vermutet oder geglaubt – für wahr gehalten – worden sein. Freilich ist die Wahrheit einer Behauptung nur eines unter mehreren Elementen, die zusammentreten müssen, wenn ein Zustand des Wissens vorliegen soll: Es muss eine Instanz – ein Subjekt – angebbar sein, dem der Glaube oder die Behauptung zugeschrieben werden kann; und es muss eine ausgezeichnete Beziehung zwischen dem Glauben dieses Subjekts und der Wahrheit des fraglichen Umstandes vorliegen, die man als Begründung bezeichnet, negativ ausgedrückt: Sie dürfen nicht bloß zufällig zusammenpassen. Diese wenigen ersten Striche zeichnen bereits einen Zusammenhang mit Begriffen wie Subjektivität und Grund, der von jeder Analyse der Wahrheit weitreichende systematische Folgen erwarten lässt. Ob, beispielsweise, Wahrheit als (irgendeine Art von) Übereinstimmung einer Behauptung mit einem unabhängigen Sachverhalt konzipiert ist – das wird Auswirkungen haben auf die Vorstellung vom Begründungszusammenhang zwischen der (objektiven) Wahrheit der Behauptung und dem Für-wahr-Halten: Ist es notwendig, eine besondere Beziehung zwischen dem Subjekt und jenem Sachverhalt anzunehmen, der die Behauptung verifiziert? Und umgekehrt: Wenn aus anderen (erkenntnistheoretischen) Gründen eine solche spezifische Beziehung ausgeschlossen wird – muss dann die Auffassung von Wahrheit geändert werden? Aus solchen und ähnlichen Denkansätzen entfalten sich typische Auffassungen von Wahrheit: vernetzt mit anderen Fragen, aber in einer Art Binnenraum philosophischen Denkens. Dessen Grenzen sind freilich nicht undurchlässig: In vielen – auch wissenschaftlichen – Kontexten außerhalb der Philosophie werden gerade in unserer Zeit an dem Begriff des Wissens Präzisierungen versucht, die seine Beziehung zur Wahrheit lockern, um im Gegenzug jene zum Begriff der Information zu stärken. Wenn in einer ökonomischen Perspektive von Produktion, Speicherung, Bewertung des Wissens gesprochen wird, dann sind nicht so sehr die kognitiven Zustände und die Behauptungen wissender Subjekte gemeint, sondern Inhalte dieser Annahmen und Meinungen, die sich von ihnen auch lösen lassen sollten; und auf der anderen Seite steht statt der Wahrheit viel eher die Nutzbarkeit jenes Inhalts für vielfältige Zwecke oder Strategien im Vordergrund. Wissen ist dann nicht wahre und begründete Annahme, sondern ein instrumentalisierbarer kognitiver Inhalt. Weder ergeben sich aus dieser Tendenz unmittelbare Folgen für die Auffassung von Wahrheit – noch muss die philosophische Theoriebildung einer solchen Tendenz überhaupt nachgeben. Aber indirekt wird es Auswirkungen auf philosophische Konzeptionen von Wahrheit haben, wenn sich die Zusammenhänge, in denen der Begriff überhaupt relevant erscheint, verschieben – oder, auf längere Sicht, wesentlich verengen.

Man kann nicht so ohne Weiters sagen, dass die philosophische Reflexion auf komplexe Zusammenhänge dieser Art in ihnen eine sonst nicht mögliche Ordnung oder Transparenz herstellte (auch wenn Bernard Williams mit seinem Buch „Wahrheit und Wahrhaftigkeit" (Williams 2002) einen beeindruckenden Versuch in diese Richtung unternommen hat). Der Begriff der Kritik etwa ist ein philosophischer Begriff, seine Karriere vom 18. bis ins frühe 20. Jahrhundert verdient immer wieder neue philosophiegeschichtliche Untersuchung. Und doch lässt sich (wie das erste Kapitel plausibel machen soll) seine differenzierte Bedeutung auch von einem einzelnen historischen Ereignis aus konturieren.

Alle diese Überlegungen zeigen, dass ein Bild sicher nicht richtig ist: Philosophie könnte Wahrheit definieren, die Wissenschaft würde sie erforschen, und in verschiedenen Dimensionen des sozialen und geschichtlichen Lebens könnte sie dann, in ihrem Bedeutungskern unverändert, verschiedene Rollen (Legitimation, Kritik, methodischer Leitfaden etc.) spielen. So ist es nicht. Sondern Philosophie der Wahrheit ist nur in Interaktion mit jenen scheinbar nachgeordneten Instanzen denkbar. Im folgenden ersten Kapitel zeigt ein konkretes Geschehnis der neueren Geschichte, wie das Aufeinandertreffen moralischer, wissenschaftlicher, rechtlicher und historischer Wahrheitsansprüche in der politischen Sphäre Anregungen zu philosophischen Reflexionen enthalten kann, deren Bahnen nicht schon von vornherein durch eine Grundlagentheorie ausgelegt sein müssen. In den weiteren vier Kapiteln wird diese Wechselwirkung dann vor allem aus inner-philosophischer Perspektive erzählt. Am Anfang steht, wie in den mehr oder weniger offiziellen Versionen der europäischen Philosophiegeschichte, ein Szenario, das in den bisherigen Überlegungen nur am Rande berührt wurde: Das Verhältnis von Wahrheit und Täuschung im Felde der Rede. Die Akteure sind die Sophisten – und Plato, der in der Auseinandersetzung mit ihnen einen Gedanken festgehalten und zur Definition von Philosophie gemacht hat, der das Erkennen schlechthin betrifft. Im Hauptteil des dritten Kapitels werden Kontroversen um den Wahrheitsbegriff beschrieben, die zwischen Theologie, Wissenschaft und Philosophie in der Frühen Neuzeit geführt wurden – ausgelöst vom Werk des Kopernikus. Das vierte Kapitel behandelt das Aufkommen eines neuen logischen Interesses am Wahrheitsbegriff im späten 19. Jahrhundert und skizziert die Bedeutung, die Alfred Tarskis Definition des Wahrheitsbegriffes für die strikt theoretische Auseinandersetzung mit Wahrheit im 20. Jahrhundert hat. Im Zentrum des abschließenden fünften Kapitels steht Friedrich Nietzsches Einspruch gegen die ursprüngliche platonische Verknüpfung von Wissen und Wahrheit – aus der Perspektive einer Genealogie der Moral.

Wahrheit im Profil

1

Eine Explosion der Wahrheit:
Emile Zola und die Affäre Dreyfus

Das Kapitel zeigt an einem konkreten Fall, wie sich von verschiedenen Interessen und Institutionen her jeweils verschiedene Erwartungen an den Wahrheitsbegriff knüpfen, wie sich diese Erwartungen ergänzen – aber auch in Konflikt geraten können: die Affäre Dreyfus in Frankreich, an der Wende vom 19. zum 20. Jahrhundert. Da wurde Wahrheit zumindest unter drei Aspekten zur umkämpften Sache: Zuerst – am Ursprungspunkt gleichsam – handelte es sich um die eventuelle Bewahrheitung einer Anschuldigung durch Tatsachen; zweitens ging jedoch die eigentliche Dynamik der Affäre auf Spannungen im Verhältnis von Glaubwürdigkeit, Legitimation und Wahrheit zurück; und drittens stellte vor allem Emile Zolas berühmter Artikel „J'accuse" vehement die Frage nach der Wahrheit als gesellschaftlichem Wert an sich. Am Ende des Kapitels stehen allgemeinere Reflexionen zur Bedeutung der Wahrheit in Recht und Politik.

Die Affäre Dreyfus

Als „J'accuse" am 13. Januar 1898 erschien, waren die relevanten Sachverhalte im Fall Dreyfus für die Öffentlichkeit erst allmählich erkennbar geworden – nachdem sich die Affäre über eine lange Zeit hin politisch, ideologisch und emotional immer mehr aufgeladen hatte. Der Anfang lag über drei Jahre zurück: Eine Putzfrau in der deutschen Botschaft in Paris, die dem französischen Geheimdienst zuarbeitete, hatte im September 1894 im Papierkorb des Militärattachés von Schwartzkoppen ein an diesen gerichtetes (undatiertes und nicht unterzeichnetes) Schreiben gefunden, in dem Information über technische und strategische Entwicklungen im Rahmen der französischen Rüstungsanstrengungen angeboten wurde. Dieses sogenannte *bordereau* (deutsch: Verzeichnis, Liste, Bestellschein) lag Ende des Monats dem Kriegsminister vor, am 15. Oktober wurde der Hauptmann Alfred Dreyfus unter der Anschuldigung des Landesverrats verhaftet. Weil das *bordereau* als das entscheidende Beweismittel angesehen wurde, musste Dreyfus im Zuge seiner Festnahme mehrere Schriftproben leisten. Noch vor Abschluss der Untersuchungen wurde freilich der Fall publik, und schon am 31. Oktober brachte eine Zeitung den Namen des Beschuldigten. Von da an lief parallel zu den Vorbereitungen des militärgerichtlichen Verfahrens eine Medienkampagne gegen den *jüdischen Hochverräter*, in die auch der Kriegsminister und Mitglieder des Generalstabs mit massiven Vorverurteilungen systematisch eingriffen. Am 22. Dezember wurde Dreyfus in einem geheimen Prozess schuldig gesprochen und zu lebenslanger Festungshaft verurteilt. Am 23. Dezember schrieb Maurice Paléologue in sein Tagebuch: „Heute morgen kennt die ganze Pariser Presse – von der äußersten Linken bis zur äußersten Rechten, von den klerikalen und monarchistischen Blättern bis zu den avantgardistischen Organen der Sozialisten – in ihren Kommentaren über das Urteil des Kriegsgerichts nur eine einzige Tonart: Zustimmung, Erleichterung, Aufatmen, Freude – eine triumphierende, wilde, rachsüchtige Freude" (Paléologue 1957, 24). Paléologue war Diplomat, arbeitete im Nachrichtendienst des Außenministeriums und hatte bereits damals Einblick in die Machenschaften, mit denen militärischer Geheimdienst und Generalstab Beweismittel gegen Dreyfus gefälscht und erfunden hatten; tatsächlich waren im Prozess Indizien geltend gemacht worden, deren Überprüfung den Richtern nicht gestattet wurde und deren Existenz der Verteidigung nicht einmal mitgeteilt worden war. Diese Umstände hatten für Paléologue große Bedeutung, weil die Affäre zu einer diplomatischen Belastung geworden war: Der deutsche Botschafter Graf Münster hatte schon Ende November in einem offiziellen Protest jede Beziehung seines Amtes zu Dreyfus bestritten (Paléologues Erinnerungen unter dem Titel „Journal de l'affaire Dreyfus" erschienen lang nach seinem Tod im Jahre 1955).

Aber erst Mitte 1896 begannen diese Fakten Gewicht zu bekommen, als der neue Chef im Nachrichtendienst des Generalstabs, Georges Picquart, auf eine Kommunikation zwischen von Schwartzkoppen und dem französischen Major Ferdinand Walsin-Esterhàzy aufmerksam wurde, die Geheimdossiers des Dreyfus-Prozesses öffnete und im *bordereau* Esterhàzys Handschrift erkannte; weitere Nachforschungen überzeugten ihn davon, dass Esterhàzy der 1894 gesuchte Verräter war. Zur gleichen Zeit fanden die Bemühungen von Mathieu Dreyfus, die Unschuld seines Bruders zu beweisen, erste Resonanz und die Öffentlichkeit erfuhr von der Existenz geheimer Unterlagen und Indizien. Im November 1896 erschien eine Publikation des Journalisten Bernard Lazare zu dem Fall unter dem Titel „Une erreure judiciaire. La vérité sur l'affaire Dreyfus", und die Zeitschrift „Le Matin" druckte ein Faksimile des *bordereau* ab. Parallel zu diesen Entwicklungen wurden freilich auch immer mehr Fälschungen zu Ungunsten Dreyfus' und seiner Parteigänger in Umlauf gebracht, nicht zuletzt zum Schutz derjenigen, die 1894 seine Verurteilung betrieben hatten (Pagès 1991, 77ff.). Im Zentrum dieser Aktivitäten stand der Hauptmann Hubert Joseph Henry, der seine Intrigen 1898 gestand, um kurz danach Selbstmord zu begehen.

Mitte 1897 waren die Indizien gegen Esterhàzy so dicht, dass der Vizepräsident des Senats (der zweiten Kammer des Parlaments), Auguste Scheurer-Kestner, sich für eine Revision des Dreyfus-Verfahrens einsetzte, den Präsidenten der Republik (damals Félix Faure) über die neue Lage unterrichtete und sich (November) mit einem Artikel in der Zeitschrift „Le Temps" öffentlich exponierte. Danach erschienen die ersten Artikel Emile Zolas im „Figaro" und Clemenceaus in „L'Aurore" (Zolas Motivation ging übrigens wesentlich auf ein Treffen mit Scheurer-Kestner zurück). Esterhàzy wurde angeklagt und in einer geheimen Militärgerichtsverhandlung am 10. und 11. Januar 1898 freigesprochen.

So fand sich Zola, um auf seinen berühmten Artikel zurückzukommen, in einer Situation, die in mindestens zwei Hinsichten gegenüber früheren Phasen der Affäre wesentlich geklärt schien. Entscheidende Fakten, die lange in einem künstlichen Dunkel gehalten worden waren, lagen nun vor den Augen aller. Man konnte das *bordereau* lesen, verlässliche Zeugen hatten die Handschrift Esterhàzys identifiziert und es war evident, dass es abgesehen von jenem Dokument nie einen weiteren Sachbeweis gegen Dreyfus gegeben hatte. Diese Wahrheit war ganz einfach – „Telle est donc la simple vérité, monsieur le Président [...]" (Zola, 16).

Ebenso klar war allerdings auch geworden, wie sich die Affäre weiterentwickeln musste: Wenn gegen alle faktische Evidenz Esterhàzy hatte freigesprochen werden können, dann würden die Tatsachen – würde die Wahrheit – auch bei einem künftigen Versuch zur Rehabilitation Dreyfus' irrelevant bleiben. Von dieser Voraussetzung her ist die schrille Rhetorik der Wahrheit zu verstehen, die den Artikel prägt, vom ersten Absatz („La vérité d'abord [...]") bis zum letzten („explosion de la vérité"). Schon mit dem Schlusswort seines Figaro-Artikels vom 25. November 1897 hatte Zola die Wahrheit zur Parole der Bewegung für Dreyfus gemacht: „La vérité est en marche, et rien ne l'arrêtera" – und jetzt konnte er, auf sich selbst verweisend, schreiben: „À Paris, la vérité marchait, irrésistible ...".

Dieses Pathos der Wahrheit hat nichts mit dem Eifer der Forschung zu tun oder mit der Ungeduld, mit der die Verifikation einer Hypothese erwartet wird. Es rührt vielmehr aus dem Willen, einer bereits festgestellten Wahrheit gegenüber anderen Instanzen (Macht, Tradition, Selbstsucht, Angst) Geltung zu verschaffen. Ein Hauptbeispiel für jene Kräfte, die Zola systematisch gegen die Wahrheit arbeiten sah, war die militärische Disziplin. Die *Explosion der Wahrheit* meinte nicht ihre schlagartige Vermehrung (es gab kaum weiteren Aufklärungsbedarf), sondern ihr (in der langen Geheimhaltung angestautes) Potenzial, einen durch und durch korrupten sozialen Zusammenhang zu sprengen. Der Text selbst ist zur entsprechenden Initialzündung stilisiert: In einem offenen Brief werden dem Präsidenten der Republik die Namen derer genannt, die für jenen Schlag ins Gesicht der Wahrheit („soufflet suprême à toute vérité") verantwortlich waren, den der Freispruch vom 11. Januar darstellte.

Der Artikel positioniert sich also keineswegs als Verteidigungsschrift, wie Lazares Broschüre von 1896, sondern als Anklage (der Titel „J'accuse" stammt eigentlich von Georges Clemenceau, dem Chefredakteur der Zeitschrift „L'Aurore"). Konsequent schreibt Zola: „C'est aujourd'hui seulement que l'affaire commence [...]" – ein neuer Prozess beginnt, die Ebene wird gewechselt. Am deutlichsten kommt dies darin zum Ausdruck, dass Zola eben nicht Walsin-Esterhàzy anklagt, sondern die in den beiden Prozessen engagierten Generäle, allen voran den Generalstabsoffizier du Paty de Clam, den er (fälschlicherweise) für den Drahtzieher der Verschleierungsaktivitäten hält – und natürlich nicht für einen Spion.

In dem neuen Prozess wird die Wahrheit jedoch nicht nur Partei (gegen Verschleierung und Fälschung) sein, sondern vor allem oberstes Prinzip der Urteilsfindung. Es ist diese Einstellung, die eine Reflexion über die Beziehungen von Wahrheit und Offenheit im Allgemeinen

– und insbesondere im Felde von Recht und Politik – veranlasst. Denn man muss wohl zumindest anfänglich unterscheiden zwischen einer Transparenz der Wahrheit im Sinne ihrer Zugänglichkeit (im Gegensatz zu Geheimhaltung) einerseits; und auf der anderen Seite unserem Verständnis von Wahrheit als Instanz von Offenlegung schlechthin.

Wahrheit und Offenheit

Zola konzentrierte sich in „J'accuse" auf den eklatanten Kontrast, dass die Wahrheit so lang verborgen gehalten worden – an sich aber völlig einfach und leicht einzusehen war. Für gewisse privilegierte Akteure – wie den deutschen Militärattaché von Schwartzkoppen – war diese *simple vérité* trivialerweise von Anfang an gegeben gewesen; man hatte sie bloß unzugänglich gehalten oder gemacht. Davon ist jene andere Perspektive zu unterscheiden, wo es um den gleichsam primären Zugang zu einer Wahrheit geht, und wo die Verborgenheit bzw. Unentdecktheit des relevanten Sachverhaltes selbst den Gegenpol bildet – in diesem Sinn spricht etwa Bernard Williams einmal von einem Widerstand der Welt dagegen, entdeckt zu werden (Williams 2003, 190). In der Dreyfus-Affäre spielt diese Differenz eine ebenso latente wie durchgängige Rolle – vor allem in der Form des immer wieder erneuerten Appells an Handschriftensachverständige. Auf den ersten Blick könnte es scheinen, als hätte man sie beauftragt, eine Tatsachenwahrheit überhaupt erst festzustellen – und als wäre dies eine anspruchsvolle wissenschaftliche Aufgabe gewesen, vergleichbar mit Semmelweis' Suche nach der Ursache des Kindbettfiebers um die Mitte des 19. Jahrhunderts.

Aber natürlich hat es sich bei dem Ruf nach diesen Sachverständigen von Anfang an nicht um Forschung, sondern um Rechtfertigung gehandelt. Eben das ist der interessante Umstand: dass von der Wissenschaft eine solche legitimierende Leistung erwartet wird. Der konkrete Fall hält dazu zwei zusätzliche Pointen bereit. Die eine besteht darin, dass die *angeforderte Wissenschaft* streng genommen gar nicht existierte: nämlich eine methodisch abgesicherte und akademisch institutionalisierte Disziplin auf dem Niveau der modernen forensischen Handschriftvergleichung. Das stattdessen zur Verfügung stehende Wissen hatte einen höchst prekären *status* zwischen kriminologischer Sachverständigkeit einerseits und einer in Frankreich hoch entwickelten Paläographie als historischer Hilfswissenschaft anderseits. Seit den zwanziger Jahren des 19. Jahrhunderts bildet die *École nationale des chartes* Spezialisten für das Studium alter Schriften aus, von denen in der Tat auch einige in der Dreyfus-Affäre beigezogen wurden (Pagès 1991, 187ff.). Alphonse Bertillon hingegen, auf dessen Gutachten sich die Anklage gegen Dreyfus (sowie die resultierenden Verurteilungen) vor allem stützte, war Kriminalist und Erfinder eines anthropometrischen Systems zur Personenidentifikation – ein Pionier der modernen Biometrie. Er hatte im Grunde kein tieferes Interesse an der Graphologie und war nicht einmal als Sachverständiger bei Gericht eingetragen. Mit seinem Engagement wurde weniger eine sachspezifische Qualifikation in den Prozess eingebracht, als das Prestige einer modernen Wissenschaftlichkeit, die in der Selbstinterpretation des zu Ende gehenden Jahrhunderts eine entscheidende ideologische Funktion hatte – und auf die natürlich auch Zola uneingeschränkt vertraute: „toute la science humaine est au travail pour l'œuvre prochaine de vérité et de justice" (Zola, 14). Das war eine Situation, in der von der Wissenschaft erwartet wurde, dass sie jede Art von Wahrheitsfrage zu einer (objektiven) Entscheidung bringen könnte, und in der die Grenzziehung zwischen Wissenschaft und Pseudowissenschaft gelegentlich hinter der Faszination neuer Gebiete, die Pioniere à la Bertillon eroberten, zweitrangig wurde. Tatsächlich lieferten Bertillons Gutachten vor allem Hinweise auf seine eigene außergewöhnliche psychische Verfassung: Seine deliranten Argumentationen sind atemberaubende Dokumente sowohl der Wissenschaftsgeschichte wie auch einer nicht ausgelebten literarischen Imagination – so erklärte er etwa die Abweichung der Handschrift Dreyfus' von der des *bordereau* damit, dass Dreyfus seine eigene Handschrift erfolglos nachzuahmen versucht hätte (Paléologue 1957, 23).

Die andere Pointe besteht darin, dass doch für jedermann auf der Hand lag, dass die Deutschen alles Relevante über die tatsächliche Faktenlage wussten. Die deutsche Diplomatie hatte von Anfang an mit äußerstem Nachdruck zu verstehen gegeben, dass nie irgendein Kontakt mit Dreyfus bestanden habe, und im Januar 1895 ließ Kaiser Wilhelm selbst (in einem Schreiben des Reichskanzlers Hohenlohe) seine Besorgnis über die starrsinnige Haltung der Franzosen ausdrücken (Paléologue 1957, 33). Es existierte also ein Ort, an dem die Wahrheit in Form authentischen Wissens vorhanden war – sie wurde dort bloß nicht abgeholt. Stattdessen bot man unter dem Namen der Wissenschaft mehr oder weniger bizarre Hypothesen auf, um sie in einer Dimension von problematischer Tatsächlichkeit dingfest zu machen. Eine Wahrheit, die im Grunde offen dalag, wurde als verborgene gesucht – und die wissenschaftliche Forschung dazu missbraucht, die Verborgenheit ihres Gegenstandes überhaupt erst herzustellen. Sie konnte jene offenkundige Wahrheit niemals bestätigen, sondern nur ihrer Entwertung dienen. Tatsächlich berücksichtigte das Militärgericht die Gutachten von drei Graphologen, die Walsin-Esterhàzys Autorschaft am *bordereau* widerlegten, nachdem dieser selbst schon gestanden hatte, es geschrieben zu haben (Clemenceau in „L'Aurore" am 1. Januar 1898).

Wie groß und wie natürlich die Verwunderung über solche Vorgänge auch immer sein mag – in Politik und Recht spielt Wahrheit, unter je eigenen Voraussetzungen, tatsächlich eine andere Rolle als in der Wissenschaft. Die Diplomatie kann rationale Gründe haben, ein bestimmtes Wissen nicht in Anspruch zu nehmen (beide Seiten hätten Spionage zugeben müssen, wenn es zu einem Austausch der Informationen hätte kommen sollen). Neben der militärischen Disziplin, die Zola im Visier hatte, kann auch Politik einschränkend gegen den Anspruch auf volle Wahrheit geltend gemacht werden. In beiden Fällen wird – paradoxerweise? – gegen die Wahrheit die Glaubwürdigkeit ausgespielt. Gerade in der Affäre Dreyfus erweist sich die Annahme, Glaubwürdigkeit könnte durch Treue zur Wahrheit erhöht werden, als restlos naiv. Letztlich liegt das daran, dass Wahrheit nicht wie ein neutrales Gut in beliebige Zusammenhänge eintritt und dann zu vorhersehbaren Konsequenzen führt. Weder hatte im Dreyfus-Verfahren die Wissenschaftlichkeit der Handschriftenkunde den Sinn, die Wahrheit aufzudecken – noch hätte der Nachweis irgendeiner Wahrheit bei der Urteilsprechung das Judentum des Angeklagten aufgewogen. Spannungen dieser Art vermögen durchaus eine differenzierte philosophische Reflexion über Wahrheit auszulösen, die sich überhaupt nicht an vorgegebenen theoretischen Modellen orientiert.

Möchte man die Rolle der Wissenschaft in einem Kontext wie dem der Dreyfus-Prozesse positiv verstehen, so läge sie wohl am ehesten darin, Täuschung auszuschließen: sei es auf der Ebene der Information (Sinnestäuschung oder fehlerhafte Informationsübermittlung), sei es die absichtliche Täuschung. Das wäre ein drittes Motiv neben der Forschung und der Legitimation – in diesem Sinn meint Wissenschaft dann Objektivität als Unabhängigkeit von der bloßen Bezeugung. Das *Wissen bei den Deutschen* war seiner Natur nach ein solches Wissen der Bezeugung; unabhängig von der Dimension der diplomatischen

Vorbehalte könnte man hier also präzisieren, was der relevante Kern in dem allgemeinen Syndrom der Wissenschaftsgläubigkeit war, der die Suche nach objektiver Expertise motivierte. Im konkreten Fall verpufft diese Reflexion freilich daran, dass die Leistung der Graphologen gerade nicht einen Zuwachs an Objektivität erbrachte und sich ihrerseits aus dem Bezeugungswissen gar nicht emanzipierte.

So wichtig die Unterscheidung zwischen *Offenheit der Wahrheit* und der Wahrheit als Offenlegung eines Sachverhaltes ist – so stellt es doch eine beträchtliche Herausforderung dar, auf allgemeine Weise zu bestimmen, wo diese Grenze verläuft. Was muss der Fall gewesen sein, damit eine Wahrheit als existent, als entdeckt gilt – und von welchem Punkt an handelt es sich nur mehr um ein *Umgehen mit ihr*? Auch wenn man interessante Aspekte wie etwa das mögliche Verlorengehen einer Wahrheit ausblendet – man müsste doch eine Frage wie diese beantworten können: Wie viele, und mit welcher Qualifikation ausgestattet, müssen etwas wissen, damit gesagt werden darf: Die Wahrheit steht fest, es wird gewusst? Oder in einer anderen, den Gegebenheiten der Informationsgesellschaft vielleicht angemesseneren Variante: Wie wenige Wissende genügen, um sagen zu können, dass die Wahrheit für alle feststeht? Immanuel Kant hat mit dem Begriff der Aufklärung ein Konzept verbunden, das genau auf diesen Problembereich zielt: Die Freiheit „von seiner Vernunft in allen Stücken öffentlichen Gebrauch zu machen" (Kant: WiA, 484) definiert Aufklärung – Öffentlichkeit aber ist als Sphäre der rational-wissenschaftlichen Gemeinschaft gefasst: „Ich verstehe aber unter dem öffentlichen Gebrauche seiner eigenen Vernunft denjenigen, den jemand als Gelehrter von ihr vor dem ganzen Publikum der Leserwelt macht" (ebd., 485). Die Stellung eines „bürgerlichen Postens" verleiht dem, was von ihr aus geäußert wird, gerade nicht den relevanten Charakter von Öffentlichkeit, weil sie auf einer einschränkenden vertraglichen Bindung beruht. *Öffentlichkeit* bezeichnet also genau die Schnittstelle, an der das wissenschaftliche Interesse „Wahrheit an den Tag bringt" (Kant: SF, 10). Damit ist für den Gelehrten keineswegs nur eine Freiheit definiert, sondern auch eine Verpflichtung („Beruf" sagt Kant), „alle seine sorgfältig geprüften und wohlmeinenden Gedanken […] dem Publikum mitzuteilen" (Kant: WiA, 486). Mit diesem aufklärerischen Verständnis wird in die Wissenschaft von vornherein eine Norm eingebaut, die der Wahrheit ein Minimum von Präsenz in der Gesellschaft garantieren soll – beziehungsweise ausschließt, dass eine wissenschaftlich qualifizierte Wahrheit entdeckt würde, die erst nachträglich, in einem unabhängigen Schritt, über die Schwelle der öffentlichen Wahrnehmung gehoben werden müsste.

Auch dieser Gedanke legt nicht ein für alle Mal fest, an welchem Punkt eine Verantwortung des politischen Souveräns für die Nutzung und Würdigung wissenschaftlich gewonnener Wahrheiten einsetzt. Für Kant selbst stellte die Existenz der Universität eine wesentliche Voraussetzung zur Beantwortung solcher Fragen dar, ebenso wie seine Annahme, Aufklärung sei insgesamt ein Prozess, der nur als Selbsttransformation der Gesellschaft als Ganzer verstanden werden könne (Kant: WiA, 483). Schon die Dreyfus-Affäre hundert Jahre später lehrt freilich, dass die intellektuell bewegenden Kräfte dieses Prozesses (wenn er nicht überhaupt nur eine Fiktion sein sollte) sich immer wieder von Grund auf neu erfinden müssen – Philip Kitchers Buch „Science, Truth, and Democracy" gibt einen Eindruck davon, wie radikal sich inzwischen die Beziehungen von Forschungspolitik, Demokratie und Wissenschaft noch einmal verändert haben.

Politik und Recht

Die Spielräume, die der Diplomatie im Umgang mit der Wahrheit zugebilligt werden, sind immer in einem konkreten politischen Horizont zu sehen. Die deutsche Diplomatie war unter anderem deshalb nicht daran interessiert, von sich aus Details zur Entlastung von Dreyfus bekannt zu machen, weil eine gewisse Minderung des Ansehens Frankreichs in der Welt durch die Affäre nicht unwillkommen schien. Generell wird die Verpflichtung einer Regierung auf Wahrheit am ehesten dann relativiert, wenn es um die nationalen Interessen geht, um Außenpolitik oder das, was man heute Sicherheitspolitik nennt. „Jede Regierung hat die Aufgabe, für die Sicherheit ihrer Bürger zu sorgen; dieser Verantwortung kann sie ohne Gewaltanwendung und Geheimhaltung nicht gerecht werden" (Williams 2002, 309). Mit systematischer Täuschung und Desinformation der eigenen Bürger jedoch würde eine Grenze überschritten, denn im Verhältnis der Staatsmacht zur ihren Bürgern spielt Wahrheit tendenziell die genau umgekehrte Rolle: eines Instruments zur Kontrolle der Regierung. Hier liegt ihre genuin politische Funktion – wobei es freilich von komplexen Randbedingungen abhängt, welche Instanzen sie erbringen können. Nach

Williams' Auffassung ist dieser Anspruch vor allem (vielleicht nur) in liberalen Gesellschaften realistisch zu stellen. Ist er einmal etabliert, wird sogleich ein enger Zusammenhang von Wahrheit, Information und Medienpolitik erkennbar. Genau diese Konstellation – von liberaler Gesellschaft und Wahrheit – ist mit Bezug auf die französische Geschichte eine der wichtigsten Folgen aus der Dreyfus-Affäre: ein Schub in der Demokratisierung der Gesellschaft, mit dem zugleich eine neue Epoche der Beziehungen von Informationsmedien und öffentlicher Meinung beginnt.

Zola stellte seine Intervention in der Sprache der Justiz als Anklage dar. Nun sollte klar geworden sein, dass ihre Bedeutung in der Sphäre des Rechts allein, von Begriffen wie *Revision* oder auch *Gerechtigkeit* her, nicht zu fassen ist. Der beispiellose historische (und ideengeschichtliche) Erfolg von „J'accuse" beruht vielmehr gerade darauf, dass es mit seinem Pathos der Wahrheit eine extrem weite Perspektive eröffnete, in der das Zusammenspiel und die Inkongruenzen verschiedener Systeme wie Recht, Politik und Wissenschaft zur Disposition gestellt werden können. Wahrheit ist nicht ein einzelner Faktor oder Wert, der in der Gesellschaft an jeder Stelle die gleiche Rolle spielt, sondern ein *Problembegriff,* der für die Abstimmung divergierender Ansprüche (etwa: Sicherheit gegen Transparenz, Objektivität gegen Bezeugung) einen theoretischen Reflexionsstandard fordert. Gleichwohl ist die Rechtsmetaphorik Zolas alles andere als beliebig – ganz abgesehen davon, dass der Anlass der zwei Fehlurteile sie mehr oder weniger erzwingt. Denn in der Tat lässt sich kaum irgendwo besser als im Rechtsdenken nachvollziehen, dass Wahrheit in jedem Kontext, in dem ihr ein besonderer Wert gegeben werden soll, neu und selbstständig gedacht – vielleicht geradezu erdacht werden muss.

Zur Verdeutlichung eignet sich ein Zitat des Rechtsphilosophen Ulfrid Neumann, dessen Relevanz im Zusammenhang mit der Dreyfus-Affäre offensichtlich ist: „Das Urteil, das sich durch seinen […] Richtigkeitsanspruch legitimieren will, diskreditiert sich durch seine Unrichtigkeit. Für die Legitimation durch Wahrheit (Richtigkeit) ist ein hoher Preis zu zahlen, nämlich der einer Delegitimation durch Unwahrheit. Hier zeigt sich ein struktureller Nachteil der Legitimation durch Wahrheit: Im Vergleich zur Legitimation durch Autorität ist Legitimation durch Wahrheit einzelfallbezogen, punktuell." (Neumann 2004, 44f.). Die Aussage bündelt mehrere Perspektiven, deren wichtigste die Beschränkung des Wertes der Wahrheit in der Begründung eines Urteils ist: Urteilsfindung kann nicht auf Wahrheitsfindung zurückgenommen werden. Davon ist die Richtigkeit mit betroffen – eine Abschwächung des Anspruches auf Objektivität ändert an der Diagnose nichts. Wenn man Richtigkeit als Erfüllung praktischer oder pragmatischer Kriterien versteht, im Unterschied zum Gegenstandsbezug, den die Wahrheit verlangt – so bleibt offenbar doch die Orientierung an einem äußerlichen Maßstab das ausschlaggebende Gemeinsame. Ob dieser Maßstab mit wissenschaftlich objektivierten Sachverhalten oder in Form geschichtlich-kultureller Einstellungen gegeben ist, ist nachrangig. Wahrheit und Autorität müssen freilich hinsichtlich der Urteilsbegründung nicht nur gegeneinander stehen: Wenn gerichtlichen Urteilen eine Verbindlichkeit zukommen soll, die sie zumindest tendenziell an einem unabhängigen Maßstab ausrichtet, und wenn aber anderseits die jeweilige konkrete Tatsachenwahrheit zu punktuell ist, dann liegt es nahe, einen eigenen Typus von Wahrheit zu definieren, demgemäß Wahrheit aus der Ausübung von Autorität selbst fließt. Die sogenannten „materiell-rechtlichen Rechtskraftlehren" (Neumann 2004, 44) sind Theorien, denen zufolge das Urteil, das seine Verbindlichkeit aus der Autorität (des Richters) bezieht, die Wahrheit herstellt – strukturell besteht hier (Neumann 2004, 45) Übereinstimmung mit dem päpstlichen Unfehlbarkeitsdogma. Wenn in diesem Zusammenhang mit Wahrheit noch irgendein Bezug auf eine unabhängige Instanz einhergehen soll, so muss das freilich eine Tatsache besonderer Art sein, eine hochspezifische soziale Konstruktion, und es ist offensichtlich, dass jedes derartige Konzept in Spannung zu allen Theorien der wissenschaftlichen Wahrheit geraten wird.

Moderne Rechtstheorien (spätestens seit dem 18. Jahrhundert) können in gewisser Weise geradezu als Versuch verstanden werden, diese Verquickung von Wahrheit und Autorität aufzulösen. Insbesondere laufen sie darauf hinaus, die Verbindlichkeit der Rechtsprechung an Stabilität (Nachvollziehbarkeit) und Rationalität des Verfahrens sowie die Kompetenz der rechtsprechenden Instanz zu knüpfen. Auf diese Weise wird die Verbindlichkeit begrifflich von der (inhaltlichen) Wahrheit getrennt, und damit entfällt auch jede Notwendigkeit, die Wahrheit durch Autorität zu stützen. Das bedeutet keineswegs, dass die Wahrheitsfrage in der Urteilsfindung und -begründung keine Rolle mehr spielte; sie wird an eine andere systematische Stelle versetzt. Diese Verlagerung ist allerdings, wie Neumann eindringlich zeigt, hochsignifikant. Die Anknüpfung der Verbindlichkeit an das formale Verfahren bedeutet ja keinen Automatismus und löst insbesondere nicht das Problem des falschen Urteils; dazu ist immer ein Bezug auf Wahrheit nötig. Den Wahrheitsanspruch auf diese Motivation einzuengen, bedeutet nun aber viel weniger eine Schwächung, als eine Präzisierung: Wahrheit spielt im Recht primär eine kritische Rolle. Wahrheit setzt (Neumann 2004, 48) das Recht unter Druck. Um zum Ausgangspunkt zurückzugehen: Die möglichen delegitimierenden Folgen, die sich ergeben, wenn Verbindlichkeit auf Wahrheit baut, nehmen eine wesentliche korrektive Funktion an, wenn die Verbindlichkeit selbst vom Verfahren her gedacht ist.

An dieser auf Kritik eingeschränkten Funktion der Wahrheit im Recht sind verschiedene Aspekte wichtig. Zuerst muss man sehen, dass sie nicht nur von außen ausgeübt wird, sondern sich – in der Dimension der Beweiswürdigung – in das Verfahren einfügt: „Der Jurist verfährt nicht anders als der Historiker, wenn er Beweise erhebt und würdigt, um dahinterzukommen, wie sich etwas zugetragen hat. Die sogenannte ‚freie Beweiswürdigung' bedeutet nicht etwa, wie man gelegentlich wohl gesagt hat, die Ausübung eines richterlichen Ermessens – was nämlich bedeuten würde, dass verschiedene Auffassungen vom Ergebnis der Beweisaufnahme gleichermaßen vertretbar seien –, sondern das Nichtgebundensein an gesetzliche Beweisregeln, um der Wahrheit selbst, die hier nur eindeutig sein kann, am nächsten zu kommen." (Engisch 1963, 6). In dieser Dimension des Verfahrens hat also ein Verständnis von Wahrheit eine echte Funktion, das in derselben Weise auch außerhalb der Rechtssphäre gilt, in der historischen Forschung etwa. Damit ist nicht gesagt, dass dieses Wahrheitsverständnis homogen, klar und eindeutig wäre: Es wird ja zwischen all den verschiedenen Aspekten von naturwissenschaftlicher und sozialwissenschaftlicher Forschung, von Objektivität, Bezeugung, sinnlicher Wahrnehmung, Expertenwissen etc. nicht differenziert. Gesichert ist nur, dass die Entscheidung für die Beiziehung von Sachverständigen oder die Befragung von informierten Auskunftspersonen (Handschriftenexperten bzw. deutsche Diplomaten in der Dreyfus-Affäre) im Verfahren einen vorbestimmten Platz hat.

Ein zweiter Aspekt ist die solide Unterscheidung verschiedener Varianten von Urteilsrevision (je nachdem, ob Verfahrensmängel oder Fehler in der Beweiswürdigung vorliegen). Vor allem aber stellt – drittens – diese Auffassung von der Rolle der Wahrheit auch eine Brücke zwischen der Praxis gerichtlicher Entscheidungen und der Rechtswissenschaft dar. Wahrheit übt auf das Recht nicht nur vonseiten der konkreten Tatsachen Druck aus, sondern auch vonseiten einer Wissenschaft, die als solche theoretische Ansprüche stellt und Hypothesen verifiziert (Neumann 2004, 57). In ihrem Rahmen könnte man sich an einem allgemeinen Verständnis von Wahrheit orientieren, und müsste nur einen besonderen Typ von Aussagen beschreiben: Aussagen nicht über die Gegenstände der Physik oder der alltäglichen Erfahrung, sondern über das Recht (Neumann 2004, 8).

Aussagen über das Recht sind eine besondere Klasse von Aussagen über soziale Tatsachen, und insoferne weisen diese Überlegungen in allgemeine wissenschaftstheoretische Fragen hinaus. Sie betreffen den Unterschied zwischen natürlichen, sozialen und konstruierten Tatsachen, und insbesondere die Dimension der Deutung in der Konstitution einer Tatsache – etwa der sozialen und rechtlich relevanten Tatsache des Landesverrates. Im Zusammenhang mit der Denkfigur der *Wahrheit durch Autorität* ist weiter oben schon eine besonders interessante Frage berührt worden, die hier aufkommen kann: Nämlich die Abgrenzung zwischen dem Begriff einer sozialen Tatsache als solcher, und dem Phänomen, eine solche Tatsache durch einen Sprechakt zu schaffen. Wenn ein Urteil aufgrund der Autorität des Richters Wahrheit beanspruchen kann, dann muss in einem damit eine gewisse Tatsache (die vom Inhalt des Urteils abhängt) Bestand gewonnen haben. Dabei handelt es sich um eine soziale Tatsache, die prinzipiell verschieden ist von jenen (natürlichen oder wissenschaftlich objektivierten) Tatsachen, deren Bestehen oder Nichtbestehen ausschlaggebend ist dafür, ob das Urteil richtig oder falsch ist (eine Verurteilung wegen Diebstahl schafft eine soziale Tatsache, die unterschieden werden muss von jenen konkreten Tatsachen, deren Bestehen das Urteil möglicherweise zu einem Fehlurteil macht). Selbst wenn man – wie vorhin erklärt – im Rechtsdenken diesen Zusammenhang auflöst zugunsten einer anderen Vorstellung von Verbindlichkeit, bleiben für die Reflexion über Wahrheit wesentliche Problemstellungen erhalten: Es ist ja auch außerhalb der Sphäre des Rechts so, dass durch bestimmte Sprechakte soziale Tatsachen geschaffen werden (über die triviale Tatsache hinaus, dass der Sprechakt getätigt wurde) – man denke etwa an Taufakte. Auch wenn dabei keine expliziten Wahrheitsansprüche gestellt werden, so hängt doch die Gültigkeit (und der Erfolg) eines solches Aktes wesentlich davon ab, dass gewisse andere Aussagen bewahrheitet werden können – etwa betreffend die Berechtigung des Täufers. Im Verhältnis von Wahrheit und Recht bilden sich also Probleme ab, die auf einer allgemeinen Ebene Begriffe wie Sprache, Handlung, Wirklichkeit und Wahrheit in Beziehung setzen; für ihre philosophische Reflexion hat J. L. Austins Theorie der Sprechakte die entscheidenden Impulse gegeben (Austin 1972). Die wichtigste Lehre aus diesem Exkurs zur Wahrheit im Recht ist aber gewiss, dass Wahrheit und Kritik in der Moderne wesentlich zusammengehören – von hier aus tritt noch einmal die Bedeutung von Zolas Intervention in Hinblick auf das Recht hervor.

Viele Überlegungen zur Wahrheit, die ursprünglich dem Recht oder dem Politischen gelten, treffen auf dem Feld der Geschichte zusammen. Die Wahrheitssuche des Richters wurde mit der des Historikers verglichen – beiden geht es darum, „Lebenssachverhalte […] in ihrer individuellen Gestalt" (Engisch 1963, 6) zu beurteilen, und nicht (oder nicht nur) um allgemeine Gesetzmäßigkeiten. Umgekehrt spielt in der Konstitution der Geschichte zu jener modernen Wissenschaft, die sie heute ist, das Vorbild der juridischen Praxis eine erhebliche Rolle. Von der Antike bis in die Neuzeit war Geschichte – war die Geschichtsschreibung – ein „Erzählen der Wahrheit", wie Bernard Williams in einer glücklichen Formulierung (Williams 2002, 232) sagt; ihre Pointe besteht darin, dass die Erzählung eben nicht den Verzicht auf Wahrheit und die Option für das Fiktionale bedeutet. Sie stellt bloß ihren Wahrheitsanspruch auf radikal andere Art als in der Neuzeit, nämlich aus der Autorität einer Tradition heraus bzw. der Autorität eines Einzelnen, der sich in diese Tradition einordnet. Dafür bedarf es nicht noch einer zusätzlichen Rechtfertigung, auch und gerade nicht in dem Fall, wo eine Geschichte anders erzählt wird, unter Einbeziehung neuer Fakten. Von dieser Einstellung her, so hat der französische Historiker Paul Veyne (Veyne 1983) argumentiert, muss man es verstehen, dass die vor-neuzeitlichen Geschichtsschreiber ihre Quellen nicht zitieren. Aber von dem Augenblick an, wo Geschichtsschreiber Quellen ausweisen und sowohl deren *status*, wie auch den Gebrauch, den sie von ihnen machen, der Kritik öffnen, tritt eine andere Art von Wahrheitsanspruch (nämlich der Quellenkritik) in Spannung zur autoritativen Erzählung. Dass es dazu gekommen ist, erklärt Veyne aus der Überschneidung mit theologischen und juridischen Diskursen, in denen es statt ums Erzählen um das Entscheiden von Kontroversen ging – wo also die Wahrheit einer Aussage erst unter der Voraussetzung ins Spiel kommt, dass sie auf eine Ja/Nein-Alternative zugespitzt wurde, und das für deren Entscheidung relevante Faktum eindeutig spezifiziert ist.

Diese Auffassungsänderung liegt vor jeder wissenschaftstheoretischen Diskussion über die Geschichtsforschung – ja in gewisser Weise ist sie eine Vorbedingung dafür, dass solche Diskussionen überhaupt aufgenommen werden konnten. Aber es ist einleuchtend, wenn Williams argumentiert, dass erst die modernen liberalen Gesellschaften die Voraussetzungen für eine wahrhafte Geschichtsforschung in diesem Sinn optimieren, weil ihre Ordnung „dafür sorgt, dass verschiedene Erklärungen und verschiedene Erklärungsbedürfnisse einander begegnen können" (Williams 2002, 391). Ebenso habe freilich die liberale Gesellschaft ihrerseits „ein ganz spezielles Bedürfnis nach wahrhafter Historie" (ebd. 392). Dies sei ein realistisches Bedürfnis in dem Sinn, dass es nicht dadurch diskreditiert werden sollte, dass man dem Liberalismus selbst die Mythen vorrechnet, „die in der Vergangenheit zur Stützung liberaler Gesellschaften beigetragen haben und heute noch dasselbe leisten". Denn die Kritik dieser Mythen durch konsequente historische Forschungsarbeit werde die verbindlichen und funktionierenden Ressourcen des Liberalismus letztlich ebenso überzeugend freilegen, wie den Preis, der für ihre ideologische Verschleierung zu zahlen ist. Eine Geschichte, die in der neueren Entwicklung des demokratischen und liberalen Staates an beidem Teil hat – sowohl am mythischen Element, wie auch an dem einer realen Aufklärung –, ist die der Affäre Dreyfus. Sie ist längst – schon vor der schließlichen Rehabilitation Dreyfus' – zu einem Gegenstand historischer Forschung geworden; aber sie hat auch selbst, und insbesondere mit der von „J'accuse" ausgelösten Dynamik, die Spielräume und Potenziale solcher Forschung in der liberalen Demokratie mitdefiniert. Insofern ist ihre Nacherzählung vielleicht eine geeignete Übung gewesen, um die verschiedenen Aspekte einer *Explosion der Wahrheit* in der Gesellschaft deutlich werden zu lassen.

2

Wahrheit gegen Täuschung und Falschheit: Die Sophisten, Platon und Aristoteles

Dieses Kapitel stellt ein Umkehrstück zum ersten dar: Während dort gleichsam von außen verschiedene Zugänge um den Begriff Wahrheit gruppiert wurden, die nicht einer philosophischen Disziplin verpflichtet sind, soll nun gezeigt werden, wie sich in der griechischen Klassik (vom fünften bis dritten Jahrhundert) eine inner-philosophische Problematik der Wahrheit ausbildete. Dabei wurden schon die wichtigsten Aspekte artikuliert, die auch heute noch unterschieden werden: sprachlogische, metaphysische und erkenntnistheoretische. Auf dem Weg fortschreitender Differenzierung der Fragestellung erhöhte sich freilich – jedenfalls aus historischer Perspektive – die Spannung zu dem Umstand, dass im Werk Platons die Philosophie als solche durch ihre Verpflichtung auf ein bestimmtes Verständnis von Wahrheit definiert worden war. Diese platonische Auffassung war zwar, bei all ihrer Kompromisslosigkeit, strategisch in eine sehr konkrete Diskussion eingebettet – die Auseinandersetzung um Wesen und Macht der menschlichen Rede; und insofern stand sie von Anfang an in einem Raum möglicher Alternativen. Bemerkenswert ist jedoch, in welch hohem Grad, von Platon an, derartige Spannungen innerhalb der Philosophie verarbeitet wurden: Das ist jener Prozess, in dem mit Wirksamkeit bis heute Wahrheit zu einem philosophischen Problem wurde.

Der Weg führt von einem Text des Sophisten Gorgias über Platons Auseinandersetzung mit dem Begriffspaar von Wahrheit und Täuschung bis zu seiner Ideenlehre; die sprachlogische Fassung von Wahrheit bei Aristoteles bildet den Abschluss.

Kunst der Rede

Platon konfrontierte sich nicht bloß beharrlich den vielfältigen Herausforderungen, die im Begriff der Wahrheit liegen; Philosophie schien ihm geradezu bestimmbar als Streben nach Wahrheit; Daran ist der Philosoph zu erkennen, dass er der Wahrheit immer und auf alle Arten nachjagt (Rep. 490a). Das darf man aber nicht so verstehen, dass zwei wohlbekannte Begriffe – Philosophie, Wahrheit – in einen neuen, aussagekräftigen Zusammenhang gestellt würden; vor allem bedeutet es nicht, dass Platon eine Definition von Wahrheit voraussetzte. Wahrheit ist für ihn vielmehr eine Art Programm-Begriff, der ihm in einer Situation scharfer Konkurrenz helfen soll, den Titel *Philosophie* für sich zu reklamieren. Deshalb ist das Interessanteste an der Wahrheit zunächst, noch vor einer expliziten Theorie oder gar Definition, ihr Gegenbegriff der Täuschung, und insbesondere der täuschenden Rede.

Für jene Konkurrenten Platons und Sokrates' auf dem Gebiet der höheren Bildung, die bis heute *Sophisten* genannt werden, hatte diese Bezeichnung eigentlich bereits an Attraktion verloren. Ursprünglich und für lange Zeit konnte man unter einem Sophisten einen hoch gebildeten und eventuell auch spezialisierten Intellektuellen (einen Experten, wie man heute sagen würde) verstehen (Kerferd 1982, 24ff.), aber in der Zeit des Sokrates hatte sich der Kern der Bedeutung schon eher zum Argumentationskünstler hin verlagert. Für solche, die sich – als Anbieter von soliden Erziehungsprogrammen und langfristig nützlichen intellektuellen Kompetenzen – ein seriöses Image geben wollten, war der Name *Philosoph* eine gute Option (zum Beispiel für den Gorgiasschüler Isokrates); aber nicht die einzige: In dem nach ihm benannten platonischen Dialog wird Gorgias selbst einmal aufgefordert, seine Kunst zu benennen, und ihm dabei das Wort *Rhetorik* in den Mund gelegt. Diese Variante ist origineller als sie auf den ersten Blick aussieht – vor Platon gibt es kaum Belege für die Verwendung von *Rhetorik* oder *Rhetoriker* im Sinne einer professionellen und öffentlichen Ausübung von Redekunst (Schiappa 2003, 40ff.), und der Sache nach entsteht die Rhetorik in der Tat mit der Sophistik: „The beginnings of the sophist movement are indistinguishable from those of rhetoric […]" (Rankin 1983, 24). Die neue Bezeichnung wird an der entsprechenden Stelle nicht gerade treffsicher verwendet, denn sogleich verlangt Sokrates von Gorgias, im Weiteren auf breit ausgeführte Reden zu verzichten und in einen Dialog der kurzen Fragen und

Antworten einzusteigen; passendere Worte für diese spezielle Fertigkeit der Diskussion oder des Streitgesprächs sind aber *Dialektik* oder *Eristik*, während mit *Rhetorik* auf lange Sicht vor allem die Kunst der selbstständigen und kunstvoll gestalteten Rede gemeint werden wird.

Das Feld der Auseinandersetzung ist also, im weitesten Sinn, die menschliche Rede, ihre Potenziale, ihre kunstvolle Entwicklung, ihr verantwortungsvoller Gebrauch. Die Ausdrücke *Sophist, Philosoph, Dialektiker* und *Rhetoriker* können auf unterscheidbare Aspekte oder Bereiche in diesem Zusammenhang zielen, die sich möglicherweise funktional ergänzen; sie können aber genauso gut auch miteinander unvereinbare Einstellungen zum Gesamtphänomen der Rede signalisieren. Es ist wichtig zu wissen, dass sie zur Zeit der platonischen Dialoge nicht exakt umschrieben, dass sie gleichsam modellierbar waren: Sie wurden gebraucht, um Claims abzustecken zwischen rivalisierenden Parteien, und um Inhalte für ein jeweiliges Programm anzueignen. Wie der Soziologe Randall Collins (Collins 1998) betont hat, wirkte als wesentlicher Faktor in dieser historischen Situation eine neue Art der Institutionalisierung intellektueller Strömungen in Schulen (im Gegensatz zu der Reisetätigkeit der Sophisten: Kerferd 1982, 15ff.). Platon war mit der Gründung der Akademie dabei genauso ein Vorreiter, wie in der Technik der Integration von geistigen Inhalten (etwa der Pythagoräer) in eine neue Lehre.

Wenn er (von einem gewissen Zeitpunkt an) seinen Anspruch auf Philosophie gegenüber den Sophisten immer wieder mit einem strengen Konzept von Wahrheit untermauert, so lassen sich dabei mindestens zwei verschiedene Argumentationslinien unterscheiden. Auf der einen geht es um eine Abgrenzung der Philosophie von der Rhetorik unter dem Aspekt der Zielsetzungen und der methodischen Standards: Verallgemeinerbarkeit und Begründung des jeweiligen Expertenwissens. Dabei formuliert Platon seinen Standpunkt nicht immer gleich: Manchmal wird ausschließlich der Philosophie der Rang einer Kunst (*techne*) zuerkannt, und die Rhetorik ist dann bloß eine geübte Fertigkeit (*empeiria*) (Platon: Gorgias, 462c); gelegentlich erwägt er aber auch, der Rhetorik den Kunststatus zu gewähren, freilich unter der Bedingung, dass sie gleichsam Philosophie in sich integriere: Was die Rhetorik – wenn überhaupt – zu einer Kunst machen kann, ist das Philosophische in ihr (Platon: Phaidros, 269dff.). Solche Unterschiede sind nicht ausschlaggebend, denn beide Varianten drehen sich um den gleichen Punkt: dass nur Einsicht in die wahre und unveränderliche

Natur der jeweiligen Sache als jenes Wissen gelten kann, mit dem sich eine Fertigkeit zur Kunst qualifiziert. Die Geschicklichkeit der Rhetoriker, sich den wechselnden Erwartungen ihres Publikums anzupassen, reicht da nicht aus: das ist bloße *Schmeichelei*. (Im „Phaidros"-Dialog etwa wird jene Sache, um die jeder Redner ein grundlegendes Wissen haben müsse, extrem hoch angesetzt: die Natur der Seele.) Insgesamt ist die Argumentation auf dieser Linie über den Begriff der Kunst vermittelt, und in diesem Sinn ist sie indirekt.

Die andere Linie hingegen läuft auf die unvermittelte Konfrontation entscheidender Inhalte hinaus. Fragen und Antworten sind hier direkt und eindeutig: Was ist ein Sophist? Einer, der das Geschäft der Täuschung betreibt. Was ist Philosophie? Vergewisserung einer unwandelbaren und verlässlichen Wahrheit. Auf dieser Linie geht es nicht bloß um den Anspruch auf Wahrheit, sondern es muss klargemacht werden, was darunter zu verstehen ist, sie muss als Gegenbegriff zur Täuschung und als wesentliches Element eines maximal qualifizierten Wissens ausgewiesen werden. Erst danach kann vom Sophisten die Bestätigung der gelungenen Abgrenzung eingefordert werden. Diese Strategie wird freilich nur erfolgreich sein, wenn Täuschung und Wahrheit auch wirklich einen echten Gegensatz bilden, und wenn zweitens von ihm aus eine Opposition zweier Einstellungen zur Rede erklärt werden kann, die Platon im „Gorgias"-Dialog einmal so ausdrückt: Es scheine also zwei Redekünste zu geben, eine, die Wissen, und eine andere, die Glauben hervorbringt (Platon: Gorgias, 454e); das Begriffspaar von Sein und Schein parallelisiert diese Unterscheidung (im „Kratylos"-Dialog – 408c – taucht einmal das Gegenmodell der *wahr/falschen Rede* auf). In seinen eigenen Texten fällt es Platon nicht schwer, das zu suggerieren: Schließlich haben die Sophisten sich selbst oft genug der Fähigkeit gerühmt, ihrem Publikum und ihren Klienten einander widersprechende Auffassungen einzureden.

Philosophiegeschichtlich liegen die Dinge nicht ganz so klar. Platons Dialoge blenden aus, dass jedenfalls der historische Gorgias in zwei bedeutenden Texten ausdrücklich einen fundamentalen Anspruch auf Wahrheit für seine Rede gestellt und auch reflektiert hat. Diese Texte als solche – eine Lobrede auf Helena, eine Verteidigung des Palamedes – stellen sich nicht in theoretisch-philosophische Konkurrenz zu Platon. Unübersehbar visieren sie jedoch ein alternatives Verständnis von Wahrheit an, demzufolge sie gerade nicht im absoluten Gegensatz zur Täuschung steht. Gorgias selbst hätte sich, kurz gesagt, gewiss nicht auf dieselbe Weise vom platonischen Philosophen unterschieden, wie dieser das an seinem literarischen Porträt des Sophisten vorführt: „[…] the emphasis on truth is emphatic, and shows that there is no denial intended by Gorgias of the existence of that which is the case" (Kerferd 1982, 79). Wenn Gorgias auch aus seiner Vorstellung von Wahrheit nicht gerade eine Philosophie ableitete, so enthält sie doch latent das Potenzial zu einer *genealogischen Problematisierung* der von Platon inszenierten Geburt der Philosophie aus der Wahrheit. Vielleicht hat wirklich erst Friedrich Nietzsche im 19. Jahrhundert diese Verschiebung erkannt – und versucht, die Alternative verspätet zur Sprache zu bringen; jedenfalls spielt sie seither eine entscheidende Rolle in allen Diskussionen um Relativismus, um den Sinn und die eigentlichen Zielsetzungen einer philosophischen Theorie der Wahrheit und um den Zusammenhang von Wissenschaft und Wahrheit. Für das sogenannte postmoderne Denken stellt sie, soweit es sich in der philosophiegeschichtlichen Dimension positioniert, einen wesentlichen Bezugspunkt dar. Deshalb folgen hier, noch vor den Reflexionen zu Platon, einige Absätze zu Gorgias' „Lobrede auf Helena".

Gorgias

Der Text ist in Hinblick auf die üblichen Unterscheidungen der Rhetorik nicht leicht einzuordnen. Geht man von der klassischen Dreiteilung in Lobrede, Gerichtsrede, beratende Rede aus, ist er sowohl Lob wie auch Verteidigung. In der Hauptsache soll die gegen Helena erhobene Klage entkräftet werden, sie habe durch ihre Untreue einen Krieg ausgelöst. Gorgias selbst bezeichnet aber an entscheidender Stelle die Rede als Lob der Helena, und letztlich dient dieses Lob ja auch der Verteidigung (hohe Abstammung etwa spricht für Unschuld). Mit Bezug auf den Unterschied von ausgearbeiteter Rede einerseits, Streitgespräch andererseits erfüllt die „Helena" eindeutig alle Kriterien des repräsentativen Typs: Sie gilt sogar als die erste überlieferte Prosarede überhaupt, die konsequent mit poetischen Mitteln gestaltet wurde. Und doch hat sie, vom Inhalt her, stark *eristischen* Charakter – ist sie ein Spielzug in einem über die Zeiten (und über die Grenze von Mythologie und Geschichte) hinweg geführten Streit; dieses *eristische* Element kommt in der Selbstreflexion des Textes stark zur Geltung.

Sowohl in der Absicht der Verteidigung, wie auch in der Perspektive des Streitgesprächs ist natürlich schon ein Anspruch auf Wahrheit enthalten; aber Gorgias geht darüber weit hinaus: Die Wahrheit sei, so beginnt der Text, der Schmuck (*kosmos*) der Rede schlechthin – ihr Erfolgsmaßstab; so wie der Schmuck einer Stadt die Tapferkeit ihrer Helden, der des Körpers die Schönheit und der Schmuck der Seele die Weisheit sei; abschließend rühmt er sich auch, seinem Standard entsprochen zu haben. Das Gewicht dieser Bekundungen zeigt sich, wenn man den Gegenstand der Argumentation in die Betrachtung mit einbezieht. Da handelt es sich für Gorgias zunächst darum zu analysieren, weshalb Helena dem Paris gefolgt sei – um dann von den in Betracht kommenden Motiven der Reihe nach zu zeigen, dass sie ihre Schuldhaftigkeit ausschließen. Bei Szenarien wie *Wille der Götter* oder *gewaltsame Entführung* etc. ist das nicht schwer, sodass er seine Aufmerksamkeit schließlich auf eine einzige problematische Hypothese fixiert: dass sie nämlich überredet wurde. Und er versucht zu zeigen, dass sie auch unter dieser Annahme unschuldig sei, weil die Rede eine große Macht – insbesondere: Macht der Täuschung – habe, der sie nichts entgegensetzen konnte. Die faszinierende Herausforderung der „Helena" des Gorgias besteht also darin: dass er für seine Rede Wahrheit in Anspruch nimmt – und sie zugleich gerade mit dem Argument anzielt, dass die Rede grundsätzlich eine Macht der Täuschung sei.

Um sein Verständnis von Täuschung zu verdeutlichen, vergleicht Gorgias die Wirkung der Rede mit der einer Droge, mit der von Zauberei oder der Faszination der Tragödien; und vor allem gibt er Hinweise zum Inhalt des Begriffes (das Wort ist *apate*, es wird auch von Platon im „Sophistes" an entscheidender Stelle im gleichen Sinn gebraucht: 260c): Der Effekt besteht darin, dass die Person – Helena – zu einer Auffassung der relevanten Sachlage gebracht wird, die weder der Realität, noch vor allem ihrem eigenen Wesen entspricht. Da sie aber naiv auf der Grundlage dieses Bildes handelt, verwickelt sie sich und andere in einen tragischen Verlauf. Die Abweichung zwischen der trügerisch interpretierten Realität und jenen Auffassungen und Intentionen, die sie ihrer eigenen wahren Natur nach entwickeln würde, ist die Täuschung. Sie entspringt nicht notwendig einem Irrtum und könnte im Grunde sogar mit objektiver Wahrheit einhergehen – vorausgesetzt, diese würde so präsentiert, dass dem Subjekt nur eine falsche Interpretation möglich ist. *Apate* ist jene Art von Täuschung, die den Unterschied von Wahrheit und Falschheit insgesamt aufhebt – Grundlage unseres Gefallens an der Poesie, am Spiel der Phantasie.

Der springende Punkt ist die Berücksichtigung der Einschätzungen und Absichten, die der getäuschten Person an sich zuzuschreiben sind. Im konkreten Fall setzt hier die Verteidigung an, weil durch die Überredung ja die Erkenntnischancen des Subjekts (ohne dessen Zutun) verschlechtert wurden. In der Verallgemeinerung auf das Verhältnis von Rede und Erkenntnis überhaupt verhält es sich aber gerade umgekehrt. Gorgias sagt (11. Absatz): Wenn die Menschen eine klare Erinnerung an die Vergangenheit hätten, einen Überblick über das gegenwärtige Geschehen und freie Sicht auf die Zukunft – dann entfiele dieses Täuschungspotenzial der Rede. Aber die Menschen sind, ganz im Gegenteil, von Natur aus in einer defizitären Erkenntnissituation. Ihre Seele wird von ständig wechselnden und unverlässlichen Meinungen regiert (*doxa*). Wer ihnen ausgeliefert ist, verwickelt sich notwendigerweise früher oder später in ein tragisches Schicksal. In dieser – anthropologisch fundamentalen – Situation bringt die Orientierung an der Rede (*logos*) auf jeden Fall eine Verbesserung der kognitiven Chancen, egal welches Potenzial langfristiger Täuschung darin stecken mag. Sie entlastet gleichsam vom dauernden Wechsel der Eindrücke. Die Rede formt und gestaltet die Meinungen, generiert Struktur und Verlässlichkeit – mit einem Wort: Überzeugungen. Das ist eine wesentliche Stärkung unserer Situation als Erkennende und Handelnde – andernfalls könnten wir uns weder als Individuen vernünftig in der Welt orientieren, noch eine politische Gemeinschaft bilden.

Natürlich lässt sich auch diese Verallgemeinerung relativieren: Die Götter – und direkt von ihnen inspirierte Dichter – haben es nicht nötig, die *kognitiven Handicaps* von Sterblichen auszugleichen. Genau deswegen, sagt Gorgias, könne aber auch die göttliche Wahrheit kein Maßstab für die menschliche Rede sein, in der wir unsere Handlungen beurteilen, verurteilen und loben. Er will seiner Rede eine der menschlichen Wirklichkeit angemessene Wahrheit aneignen – sie wird nicht durch göttliche Inspiration, sondern nur durch die konkrete Analyse der relevanten Fakten zu finden sein.

Ein solches Faktum ist die Wirklichkeit und Wirksamkeit der Rede; ein anderes, global wirksames Faktum dieser Art ist die Zeit: In der „Verteidigung des Palamedes", wo er die gleichen Wahrheitsansprüche stellt, spricht Gorgias einmal von der Notwendigkeit des Zuwartens: nämlich ob noch andere – *stärkere* – Redner auftauchen, oder vielleicht auch andere Tatsachen. Das ist freilich nur ein Aspekt davon, dass im Übergang von der haltlosen *doxa* (oder einer mangelhaften

Überzeugung) zu einer relativ stabilen Überzeugung die Möglichkeit der Täuschung nie vollständig ausgeschaltet werden kann. Daher ist nicht zu bestreiten, was Platon zu einem Haupteinwand machen wird: Bin ich vor fünf Minuten zu einer bestimmten Sicht der Sache überredet worden, so kann ich vielleicht in einer Stunde zu einer anderen überredet werden. Aus Gorgias' Blickwinkel aber ist es kein Mangel, dass die interpretierende Kraft einer Rede die Überzeugung – d. h. auch: die Täuschung – einer anderen Rede auflösen kann. Es nährt vielmehr die realistische Hoffnung, dass ich – wenn ich lerne die besseren *logoi* von den schlechteren zu unterscheiden – auf lange Sicht zu Überzeugungen kommen werde, die mir und der Gemeinschaft nützlich sind. Wenn ich innerhalb einer Stunde von einer eben erst erworbenen Überzeugung wieder abgebracht werden konnte (ohne dass sich die Sachlage geändert hätte), so ist daraus zunächst nur zu folgern, dass ich offenbar einem schwachen *logos* aufgesessen bin; und dass ich lernen sollte, den stärkeren Reden zu folgen – am besten wohl bei einem prominenten Sophisten.

Was die Rede stärker macht als die Meinung ist nicht ein formal abgesicherter Zugang zur Wahrheit. Sich die Wahrheit zum Maßstab zu setzen, heißt aus dieser Perspektive nichts anderes als: In der Konkurrenz der Reden (die keineswegs chaotisch ist, sondern ihre eigenen Hierarchien erzeugt) die strikteste Beziehung auf die relevanten Sachverhalte zu suchen. Helena kann entschuldigt werden, wenn sie der Täuschungsmacht einer verführerischen Rede unterlegen ist, aber diese Deutungsmöglichkeit besteht nur lokal, in einer gegebenen Konstellation von Personen und Voraussetzungen; global – aus erkenntnisanthropologischer Perspektive – wird sie immer hinter zwei anderen Prinzipien zurückstehen. Erstens einer strukturellen Komplizenschaft in der Täuschung – sie ergibt sich aus dem Vorteil, den auch der Hörer aus der Überzeugungsbildung durch den *logos* zieht; zweitens der Verpflichtung, eine jeweils stärkere Rede aufzubieten, wenn die Täuschung nachteilige Folgen offenbart. Eine solche *stärkere Rede* hat im gegenständlichen Fall, zugunsten der Helena, Gorgias selbst gehalten.

Die *Wahrheit des Gorgias* ist kein fest verankerter Prüfstein zum Test beliebiger Ansprüche; sie ist eher wie eine Figur zu sehen, die sich in einer immer wieder neu ansetzenden Bewegung abzeichnet – jener Bewegung, in der sich durch die Macht der Rede Meinung zur Überzeugung bildet. Bei Platon dagegen, so könnte man vorausblickend sagen, ist Wahrheit die Voraussetzung schlechthin zur Überwindung der Meinung auf etwas anderes hin, das er Wissen nennt. Dies ist der erste und einfachste Sinn, in dem Platons Wahrheit die Bezeichnung *transzendent* verdient (vgl. Wieland 1982, 288).

Platon

Stabilität ist das große Thema, das Platon und Gorgias verbindet. Die flüchtigen, nicht mitteilbaren Sinneseindrücke und die unverlässlichen Meinungen, die sie zur Folge haben, erlauben keine sichere Orientierung in der Welt und können auch nicht systematisch in Argumentationen eingebracht werden, um gemeinsame Projekte zu diskutieren und Entscheidungen zu begründen. *Wissen* kann erst beginnen, wo Sprache situationsunabhängige Einstellungen stützt. Aber unmittelbar in diesem Moment der Gemeinsamkeit beginnen auch schon die Divergenzen. Für Platon steht von Anfang an (Platon: Menon, 97d–98a) fest, dass eine Rede, die Täuschung nicht vollkommen ausschließt, sich niemals von der Instabilität der *doxa* emanzipieren kann. Daher ist der Unterschied zwischen Stabilität und absoluter Stabilität im Erkennen kein gradueller, sondern ein systematischer: Was immer es sein mag, wodurch letztlich Wissen absolut gesichert wird, es muss aus aller Verwicklung in das Wandelbare, das Täuschende, das Scheinbare gelöst sein. Wo eine solche Garantie zu finden ist, bleibt zunächst offen: Ob in der Form einer anderen, einer wahren Rede? In einer Form, die in der gewöhnlichen Rede selbst verborgen ist, und durch eine Art von Läuterungsverfahren herausgearbeitet und verbindlich gemacht werden kann? In einer unabhängigen Gegebenheit (Anschauung, Erinnerung oder Inspiration), die gar nicht in der Rede selbst gegenwärtig wird? Platon hat Überlegungen in alle diese Richtungen angestellt. Die Motive, die dabei gegeneinander abgewogen werden, ergeben sich jedoch vor allem aus der kritischen Reflexion auf die Phänomene, gegen die das wahre Wissen sich abheben soll.

    Die Unterscheidung von zwei Arten der Rede – Glauben oder Wissen hervorbringend – ist hier nur eine Dimension unter anderen. Aber sie zeigt deutlich die Verschiebung gegenüber Gorgias: In dem Dialog „Sophistes" (240a) wird das Wesen des Sophisten und seiner Kunst als *trugbildnerisch* beschrieben, und die *glaubenmachende* Redekunst insgesamt, ungeachtet aller möglichen Abstufungen des Scheinbaren, Wahrscheinlichen, Plausiblen etc. der *wissenerzeugenden* Kunst entgegengesetzt. Was Wissen von Glauben und Täuschung trennt, ist die Wahrheit. Die Reflexionen, die dazu entwickelt werden, dienen freilich nicht nur der Abgrenzung von den Sophisten mittels des Wahrheitsbegriffes, sondern geben in erster Linie diesem selbst eine klarere Kontur. Zuerst meint er ja bloß negativ das Gegenteil der Täuschung. Wenn es aber (Platon: Sophistes, 240b) heißt, unter dem Wahren müsse man das *ontos on*, das *seiend Seiende* (im Unterschied zum *täuschend Seienden* oder zum *gar nicht Seienden*) verstehen, dann wird der Wahrheit, präzisierend, ein gegenständlich-sachlicher Akzent verliehen. Dabei spielt ein Element des Technischen eine Rolle: Die rhetorische Bildung einer Überzeugung wird mit der Herstellung von Bildern in der Kunst parallelisiert. *Trugbild* ist der verbindende Begriff: Das Trugbild sieht von einem geeigneten Standpunkt *so aus wie* ein vorgegebenes Original; untersucht man jedoch seine wahre, vom Standpunkt unabhängige Gestalt und Konstruktion, erweist es sich als etwas anderes, als verzerrt. Das trifft nicht nur auf die Malerei zu, sondern gilt auch für den Architekten (Platon: Sophistes, 235e): Er realisiert in der Anordnung der Säulen nicht die „wahren Verhältnisse des Schönen", weil Gleiches, in verschiedener Entfernung gesehen, ungleich erschiene. Der Gegenbegriff zum Trugbild ist das Ebenbild (*eikon*), die Nachschöpfung „desselben, wie es ist". Dieser Vergleich unterstreicht – indem er die Existenz eines Originals fordert (das Original ist das, was das Bild sein soll; es ist das Wahre, nicht nur sein Maßstab) – an der Wahrheit den Aspekt einer unabhängigen Gegenständlichkeit.

Er weist aber auch schon in eine andere Dimension des Entgegensetzens voraus. Dass das Trugbild einen schönen Anblick bietet, während es in seinem tatsächlichen Aufbau verzerrt ist, ist nur die Kehrseite davon, dass ein getreues Ebenbild einen verzerrten Anblick böte. Das kann man so deuten, dass das Trugbild nicht der Ursprung, sondern nur die Manipulation einer Abweichung ist, die immer ins Spiel kommt, sobald sich die Sinne einem Anblick öffnen. Der Gegensatz verlagert sich damit von der Rede in die Erkenntnis, von der Rhetorik in die Epistemologie: Die Erscheinungen der sinnlichen Erfahrungsgegenstände als solche sind trügerisch, nicht mit sich selbst in Übereinstimmung (Platon: Phaidon, 78e). Einige der berühmtesten Passagen in Platons „Staat", insbesondere das Liniengleichnis (509c; dazu auch Phaidon, 79b) und das Höhlengleichnis (514a) entwickeln eine reiche Argumentation zur Unverlässlichkeit der sinnlichen Erkenntnis. Aus dieser Verschiebung in die Theorie der Erkenntnis ergibt sich freilich ein Erklärungsbedarf in Bezug auf den gegenständlichen Aspekt des Wahren: Wenn die Sinne grundsätzlich täuschen (im Gesehen-Werden ist das Vorbild schon nicht mehr Vorbild), wie ist dann ein Sachbezug auf ein Original oder eine Norm (etwa das vollkommen proportionierte Bauwerk) möglich?

Nur unter der Bedingung, dass es außer den Sinnen noch eine andere Weise des Erkennens gibt: das Denken. Der Gegenstand, der letztlich das Vorbild jeder Abbildung wäre, ist *das Denkbare* (*noeton*) in Kontrast zum Sichtbaren. Im Liniengleichnis wird das am überzeugendsten ausgeführt, im „Phaidon"-Dialog (Platon: Phaidon, 79a, b) werden *Träger* für die Erkenntniskräfte benannt: Die Sinne sind an den Körper gebunden, das Denken ist eine Kraft der Seele. Das Wahre ist ein selbstständiges Gedachtes, stabil, den Sinnen nicht zugänglich. Es verändert sich nicht, es ist ein Seiendes im Gegensatz zum Werdenden: So ergibt sich schließlich noch eine ontologische Deutung. Die wichtigste Frage jedoch lautet: Wie wird der Bezug auf das Denkbare hergestellt? Was heißt hier *Denken*?

An den Stellen, wo Platon dem Sichtbaren (dem sinnlich Gegebenen) das Gedachte am schärfsten kontrastiert (Platon: Phaidon, 99e), gebraucht er für die Art, mit der wir uns auf dieses Gedachte beziehen, das Wort *logoi* (Mehrzahl von *logos*). Das wird gelegentlich auch mit *Denken* übersetzt – dann sollte man jedoch eigens vermerken, dass es um eine sprachliche Aktivität geht. Natürlich wäre es missverständlich, in diesem Zusammenhang einfach wieder *Rede* zu sagen. Entscheidend ist, dass es sich nicht um eine zusätzliche Fähigkeit handelt, auf die man – neben der Sprache und den Sinnen – zugreift; es ist die Sprache gemeint, aber in einer extrem disziplinierten Verwendung. Platon nennt diese Disziplin *Dialektik*, meint damit jedoch fast schon das Gegenteil der genau so bezeichneten Kunst der Auseinandersetzung – besonders wertvoll zur Unterscheidung der platonischen Dialektik von sophistischer Anti-Logik und Eristik sind die Analysen von Jan Szaif (Szaif 1996, 260ff.). Der Sinn der platonischen Dialektik ist es, in einer methodisch organisierten Redeweise einen eindeutigen und stabilen Bezug auf einen Inhalt herzustellen, der beliebig abstrakt sein kann, und zu dessen Identifikation keine Informationen aus der Sinneserfahrung (oder anderen Quellen, die an den Körper gebunden sind) zugelassen werden (Platon: Staat, 532a). Typischerweise beantwortet eine dialektische Untersuchung eine Frage von der Form „Was ist (ein) X" (Gerechtigkeit z. B.): Wenn sie erfolgreich ist, ist das X als ein solcher stabiler Bezugsgegenstand dargestellt. Konkrete Elemente der Methode sind die Einteilung von Begriffen (Definition durch fortschreitende Entscheidung von Dichotomien) oder Analogiebildungen, die der geometrischen Proportionenlehre nachempfunden sind (Rankin gibt gute Darstellungen zum Begriff der Einteilung und dem Übergang von den Sophisten zu Platon überhaupt: Rankin 1983, 23; 169).

Den Gegenstand, auf den man sich als Ergebnis einer erfolgreichen dialektischen Untersuchung bezieht, nennt Platon *Idee*. Ideen sind die ausgezeichneten, ja einzigen Objekte des Wissens, weil sich in ihnen jenes gegenständliche Element der Wahrheit verdichtet. Wahrheit ist also das *Sie-selbst-Sein* einer Sache: dass sie nicht eine andere ist – oder anders ist. Ideen sind diejenigen Gegenstände, auf die das zutrifft. Weil sie ausschließlich auf dem Weg der Dialektik (Sprache) zugänglich sind (und nicht daneben noch durch zusätzliche Merkmale identifiziert werden können), ist hier der Unterschied zwischen einer Aussage und dem, worüber sie geht, besonders prekär. Denn es ist ja eine sehr vernünftige (und vielleicht auch die einzig haltbare) Auffassung von Wahrheit, dass sie nicht irgendwelchen (noch so qualifizierten) Sachen, sondern eben nur Aussagen zukommen kann. Aber das gilt im Zusammenhang der platonischen Ideenlehre nicht. Zwar ist die Sprache der Weg zum Wahren, doch Wahrheit ist nicht nur *etwas Gesagtes*.

Diese Konzeption des Verhältnisses von Sprache, Wahrheit und Erkenntnis, die in der Ideenlehre zusammengebunden ist, setzt allein schon mit ihrer Komplexität, mit der Folgerichtigkeit ihrer einzelnen Argumentationsgänge, mit der Prägung übergreifender Denkfiguren, höchste Maßstäbe in der philosophischen Problembehandlung schlechthin. Gleichwohl sind nicht alle ihre inneren Abhängigkeiten völlig durchdacht, und nicht alle Sachfragen berücksichtigt, die an sie gestellt werden könnten. Einige der faszinierendsten Probleme mit Platons Lehre von Wahrheit ergeben sich schon aus seiner ursprünglichen Option für ein Wissen, das gegen alle Täuschung gefeit ist – und aus allen Zusammenhängen herausgenommen, in denen sie möglich wäre. Man kann die Ideenlehre als eine radikale Verwirklichung dieses Prinzips auffassen in dem Sinn, dass nur von den Ideen, und nur auf dem Weg der dialektischen Methode, Erkenntnis möglich ist. Wiederholte scharfe Entgegensetzungen von Wissen und Meinung weisen in diese Richtung. In letzter Konsequenz trennen sich dann auch zwei Gegenstandsbereiche (Szaif hat diese Parallelität von Ontologie und Kognition aufmerksam analysiert – Szaif 1996, 183ff). Die veränderlichen

Gegenstände der Sinne und der Meinung werden vom Denken nicht aufgefasst, wie umgekehrt die Ideen nicht von der *doxa*. Im „Staat" (Platon: Staat, 506c) heißt es einmal, Meinungen ohne Wissen seien wertlos: Wenn aber der Schnitt so radikal ist, kann man schwer sehen, wie sie mit Wissen mehr an Wert gewinnen sollten. Und in der Tat hat Platon immer wieder auch eine alternative Sicht dieser Differenz gezeichnet, wo nämlich der Bezug auf die Wahrheit der Ideen ein Mittel darstellt, in der Rede über die Erscheinungen haltbare Strukturen zur Geltung zu bringen. Ein Begriff wie *Teilhabe* (der Erscheinungen an den Ideen) steht offenbar für einen positiven Bezug; und über Erscheinungen ist genau in dem Grad ein rationaler Diskurs möglich, wie sie als Abbilder der Ideen gedeutet werden können (aus der Sicht des Gorgias wäre freilich auch dies eine Unterwerfung unter eine jenseitige, quasi-göttliche Wahrheit und insofern eine Abwendung von den Tatsachen des menschlichen Lebens). Wenn diese integrative Sicht des Verhältnisses von Wissen und Meinung dominiert, ist jedoch nicht einzusehen, warum für die Ideen überhaupt eine selbstständige Objektivität beansprucht werden muss – sollte nicht die dialektische Disziplin als solche genügen, auch die Rede über die Erscheinungen zu ordnen? Hier bleibt eine Spannung.

Ein bestimmter Aspekt dieses Problems kann zu einer eigenen Dimension der Wahrheitsfrage aufgewertet werden. An einer berühmten Stelle (Platon: Menon, 98a) betont Sokrates den Unterschied zwischen Wissen und wahrer Meinung: Zum Wissen gehört Begründung, eine wahre Meinung wird immer wieder auch zufällig gebildet. Man kann das so verstehen, dass kein Weg von der Meinung zum Wissen führt; aber auch die Rede von einer *Wahrheit der Meinung* an sich ist interessant. Gewiss lässt sie sich gegenüber der Wahrheit des Wissens fast beliebig weit abwerten und damit inhaltsleer machen; gegenüber einer falschen Meinung jedoch ist sie konkret und eindeutig bestimmt. Sie hat keine Idee zum Gegenstand; und es wäre wenig attraktiv, für sie einen analogen Gegenstandsbezug zu reklamieren: Das würde nur unter anderen Bezeichnungen das Verhältnis von Denken und Idee duplizieren. Wenn man nicht die *wahre Meinung* überhaupt als bloße Floskel trivialisieren will, dann muss man ihre Pointe in der Beziehung auf die falsche Meinung sehen; das bedeutet, dass hier Wahrheit auf eine Weise ins Spiel kommt, wo sie auf die Aussage selbst zutrifft. Sie kommt der einen Aussage zu, wie (und sofern) sie einer anderen nicht zukommt. Man kann mit solchen Überlegungen zu einer neuen Auffassung von Wahrheit ansetzen, die andere Problembereiche eröffnet als die Ideenlehre. Platon selbst hat einen solchen Weg ein Stück weit verfolgt. Er nahm seinen Ausgang allerdings gleichsam von der Gegenseite, dem Problem der *falschen Rede*. Wenn es im Dialog „Sophistes" heißt, der Sophist sei Hervorbringer eines falschen Scheins, und dies wäre die wahre Bestimmung seines Wesens (seine *Definition*), dann müsste eigentlich im vorhinein geklärt worden sein, was eine falsche Rede ist, und ob über sie eine Aussage mit Wahrheitsanspruch getätigt werden kann (ein typischer kritischer Fall für die Parallelisierung von kognitiven Zugängen und Gegenstandsbereichen – vgl. dazu Rankin 1983, 169). Im „Sophistes" (Platon: Sophistes, 237a) wird klar ausgesprochen, dass wenn es Falsches gibt, es (unter den platonischen Vorannahmen) ein Nichtseiendes geben muss. Wenn Wahres und Seiendes zusammengehören, und man überdies noch zulässt, dass es das Falsche gibt, dann stehen nur zwei (wenig verlockende) Möglichkeiten offen: Entweder sagt man, auch das Falsche sei ein Wahres. Das würde allerdings bedeuten, dass das Argumentationsziel – eine ausgrenzende Definition des Sophisten – unerreichbar ist. Oder das Falsche bleibt vom Wahren unterschieden – wobei aber die Differenz nur darin liegen kann, dass das Falsche *nicht ist*; als Konsequenz muss in diesem Fall hingenommen werden, dass ein Nichtseiendes ist.

Genau das wird als Argumentationsziel (Sophistes, 241c) aufgestellt – und natürlich wird man die Aufgabe in einer Differenzierung der Bedeutung von *Sein* sehen, die den Widerspruch verschwinden lässt. Diese Unterscheidung kann freilich nicht einfach postuliert, sondern muss sachlich erarbeitet werden. Platons Grundgedanke ist es, sie – gleichsam indirekt – von einer Differenzierung der Teile jener Rede (*logos*) her zu gewinnen, die als Ganze wahr oder falsch sein wird. Wenn die Beispielsätze „Theaitetos sitzt" und „Theaitetos fliegt" diskutiert werden (Sophistes, 263af.), dann steht am Anfang folgende einfache Überlegung: Die zwei Sätze sind verschieden, der eine ist wahr, der andere falsch; nun handeln aber beide Sätze von ein und demselben Gegenstand, nämlich Theaitetos – daraus werden zwei Lehren gezogen. Die erste, dass offenbar auch die falsche Rede eine Rede ist und einen Gegenstand hat; die zweite, dass der Grund des Unterschiedes von wahrer und falscher Rede in jenem Teil des jeweiligen Satzes liegen muss, der ihn von dem anderen unterscheidet – das Fliegen, das Sitzen. Damit kann schon das allgemeine Resultat verbucht werden, dass der *logos*, in Bezug auf den hier von wahr und falsch die Rede ist, wesentlich ein zusammengesetzter ist (anders als in dem Gedankengang zur Ideen-Wahrheit). Der springende Punkt ist jedoch, dass das falsch machende Element des falschen *logos* nicht an sich ein Nichtseiendes ist, sondern bloß in seinem Bezug auf den konstanten Gegenstand der Rede, den Theaitetos: „Ein Nichtseiendes sagt diese falsche Rede als Seiendes aus" – aber daraufhin wird sofort die Präzisierung eingefordert: Ein Seiendes zwar, aber verschieden von jenem Seienden, das in Bezug auf Theaitetos Bestand hat. Hier ist das von Anfang an angestrebte Resultat erreicht, nämlich jene Differenzierung von *Sein* oder *Seiend*, die es erlaubt, von einem Nichtseienden zu sagen, dass es ist: Vom Fliegen, das in Bezug auf Theaitetos ein Nichtseiendes ist, zu sagen, dass es (an sich) ein Seiendes ist. Die Differenzierung des Seins gelingt also in der Zuordnung seiner beiden Bedeutungen zu verschiedenen Funktionen der Teile des *logos* – Identifikation eines Gegenstandes der Rede einerseits, Aussage eines Inhaltes in Bezug auf diesen Gegenstand anderseits. Abschließend kann die falsche Rede als diejenige erklärt werden, die Verschiedenes als Selbiges oder Nichtseiendes als seiend aussagt. (Sofort wird dieses Resultat auf die Konzeption von wahrer bzw. falscher Meinung rückübertragen, mittels einer These vom Denken als innerem Gespräch – die Bemerkung aus dem „Menon" ist damit in einen theoretischen Zusammenhang integriert.)

So ist eine neue Perspektive auf *Wahrheit* gewonnen – sie wird von nun an die philosophische Auseinandersetzung mit dem Begriff dominieren: Die Wahrheit betrifft Sätze; sie setzt Komplexität der Sätze voraus; und sie setzt eine Unterscheidung der Teile der Sätze nach ihrer Funktion voraus. Bei Platon selbst finden sich – etwa im Höhlengleichnis – gelegentliche Ansätze, diese Aussage-Wahrheit mit dem *wahrhaft Seienden* der Ideenlehre in einem Konzept der Abstufung der Wahrheit zusammenzudenken. Aber in einem Artikel über voraristotelische Logik, in einem modernen Handbuch der Geschichte der Logik (Moravcsik 2004, 7), wird bezeichnenderweise von Platon schon überhaupt nur mehr jene eine Passage erwähnt, die auch bei Aristoteles stehen könnte: dass die wahre Rede von den seienden Dingen sagt, dass sie sind und wie sie sind (Platon: Sophistes, 263 b–c). In Bezug auf Platons eigenes Denken kann man den neuen Gesichtspunkt am einfachsten dadurch bezeichnen, dass zu *dieser Wahrheit* nicht mehr die Täuschung, sondern das Falsche den Gegenbegriff bildet.

Aristoteles

Unübersehbar steht diese Auffassung im Hintergrund, wenn Aristoteles in der „Metaphysik" (Aristoteles: Metaphysik, 1005b) das höchste und sicherste Prinzip der Philosophie benennt: Der *Satz vom Widerspruch* sagt, dass ein und dasselbe nicht ein und demselben anderen (in derselben Hinsicht) sowohl zukommen wie auch nicht zukommen kann. Diese Formulierung zwingt zwar nicht zur Annahme, dass die zwei miteinander unverträglichen Zustände Sätze seien – sie lässt auch ontologische oder erkenntnistheoretische Deutungen zu; eindeutig aber handelt es sich um denselben Typ von Zusammensetzung (Eines kommt einem anderen zu) wie bei jenen Beispielsätzen Platons, die aus einem Namen und einer Aussage bestehen („Theaitetos fliegt"; explizit wird das bei Aristoteles: Metaphysik, 1008a21); in seiner Diskussion des Prinzips deutet Aristoteles selbst die unverträglichen Zustände als Bejahung und Verneinung, um die Konsequenzen zu beschreiben, die sich ergäben, wenn beides wahr wäre. Vollends klar wird der Zusammenhang bei dem *Prinzip vom ausgeschlossenen Dritten* (Metaphysik, 1011b20ff.), das er in ausdrücklichem Bezug auf das Widerspruchsprinzip einführt: Notwendigerweise muss jeder Inhalt von jedem anderen entweder bejaht oder verneint werden, eine dritte Möglichkeit besteht nicht. Es folgt der berühmte Satz: „Zu sagen nämlich, das Seiende sei nicht oder das Nichtseiende sei, ist falsch, dagegen zu sagen das Seiende sei und das Nichtseiende sei nicht, ist wahr." Damit sind Wahrheit und Falschheit als Eigenschaften von Aussagen bestimmt; in den ersten Kapiteln von „De interpretatione" gibt Aristoteles auch eine genaue Version des Komplexitätsprinzips für sprachliche Aussagen: „Um Verbindung und Trennung handelt es sich bei Falschheit und Wahrheit" (Aristoteles: De interpretatione, 16a); da er sprachliche (auch schriftliche) Zeichen als Symbole von „Vorstellungen in der Seele" behandelt, und diese wieder als Nachbildungen der Dinge, so handelt es sich in der Perspektive der Dinge, der Vorstellungen und der Sprache immer um die gleiche Differenz von Verbindung und Trennung. Tatsächlich hebt er an einer wichtigen Stelle der Metaphysik (Metaphysik, 1051aff.) ausdrücklich hervor, die Wahrheit behaupte, wer das Getrennte als getrennt behauptet, und das Zusammengesetzte als zusammengesetzt. In solchen Formulierungen artikuliert sich die Auffassung der Wahrheit als Korrespondenz, und zwar als Bedingungsverhältnis: Nicht wegen der Wahrheit einer Meinung besteht der Sachverhalt, sondern umgekehrt: Weil der Sachverhalt besteht, ist das, was wir behaupten, wahr. Die wesentlichen Aspekte einer Theorie der Wahrheit als Übereinstimmung einer (gegliederten) sprachlichen Aussage mit der (Gliederung der) Wirklichkeit sind hier zusammengefasst.

Wenn man ein Textstück wie das kurze 6. Kapitel von „De interpretatione" liest, wo eine formale Erklärung des ausschließenden Gegensatzes aus den Begriffen der Bejahung und Verneinung gegeben wird – eine wesentliche Festlegung für eine Theorie der Wahrheit –, kann der Eindruck stark werden, dass es sich hier um eine in sich abgeschlossene Lehre handelt, für deren Zusammenhalt der Preis einer Reduktion des Problems entrichtet werden muss: Viele Fragen, die an Platons Zugang auf das wahre Wissen faszinieren, sind in diesem sprachlogischen Rahmen gar nicht mehr aufzuwerfen. Das ist vor allem bei Martin Heidegger zu einem kritischen Motiv geworden. Wenn damit aber nicht nur eine alternative Auffassung erläutert, sondern die Philosophie des Aristoteles selbst getroffen werden soll, muss man doch weitere Zusammenhänge in Betracht ziehen. Denn Aristoteles hat das gesamte Feld neu vermessen und eingeteilt, auf dem die Frage nach der Wahrheit überhaupt gestellt wird. Was bei Gorgias noch das einheitliche (freilich von Spannungen durchzogene) Potenzial der menschlichen Rede war, gliedert Aristoteles in selbstständige Wissenschaften (mit je eigenen Grundlagen und Zielsetzungen), deren Abhängigkeiten und Ergänzungen man aus immer wieder neuen Gesichtspunkten reflektieren kann. Logik, Rhetorik, Metaphysik und Wissenschaftstheorie: Das sind Disziplinen, in denen *Wahrheit* eine grundlegende – aber keineswegs immer die gleiche Rolle spielt. Eine der folgenreichsten theoretischen Leistungen des Aristoteles besteht wohl darin, den Begriff der Wahrheit in all diesen Bereichen positioniert zu haben – und jeder solche Gesichtspunkt bringt wesentlich Neues von seiner Auffassung zum Ausdruck. Daher wird man in der Diskussion *einer* (wenn auch noch so zentralen) These seinem Denken über die Wahrheit schwerlich gerecht werden.

Natürlich bilden Prinzipien wie der Satz vom Widerspruch oder der Satz vom ausgeschlossenen Dritten, gerade wegen ihrer Formalität, allgemeine Vorgaben für sein (und unser) Verständnis von Wahrheit; aber selbst in der Logik, die Aristoteles als eine formale Wissenschaft begründet hat, sind immer auch noch andere Festlegungen im Spiel, wenn aus diesen Prinzipien Konsequenzen gezogen werden, wenn sie *arbeiten*: So wie etwa in der Lehre von den Syllogismen die Sätze auf eine besondere Weise zusammengesetzt sein müssen, wofür die Unterscheidung von *onoma* und *rhema* nicht ausreicht. Und man kann zwar die Logik insgesamt, durchaus im Sinne des Aristoteles, vom Begriff des *wahrheitserhaltenden Schließens* her definieren; aber man darf nicht vergessen, dass seine eigene Erklärung des Syllogismus als notwendige Folge ohne den Begriff der Wahrheit auskommt. Das ist keineswegs nur wichtig im Zusammenhang mit Auslegungsfragen, die sich von der modernen Auffassung der Gültigkeit als *logische Wahrheit* her ergeben. Es wird dadurch eine wichtige Schnittstelle mit der Rhetorik offengehalten. „Ein Syllogismus (Schluss) ist ein logos von der Art, dass wenn etwas gesetzt ist, etwas von dem Gesetzten Verschiedenes mit Notwendigkeit folgt" (Aristoteles: Analytica Priora, 24b). Für Aristoteles' Konzept eines sogenannten *dialektischen Schlusses* ist die Deutung entscheidend, dass sich aus der Akzeptanz eines oder mehrerer Sätze notwendig ergibt, dass auch noch ein bestimmter anderer Satz zu akzeptieren ist. Hier müssen offenbar weder die zuerst akzeptierten Sätze, noch der in der Folge *erzwungene* Satz wahr sein; nur der Übergang *von Akzeptanz zu Akzeptanz* ist notwendig. Aber wenn man annimmt, dass jedenfalls ein wesentliches Element im Begriff der Akzeptanz das *Für-wahr-Halten* ist, hat sich die Verbindung wiederhergestellt: Die Fragen nach Wahrheit, Meinung und Täuschung sind, unter geänderten Voraussetzungen, nicht weniger spannend als bei Gorgias.

Im Rahmen von Überlegungen zum Begriff der Phantasie (Aristoteles: De Anima, 428b) wird das Thema *Täuschung* von einer anderen Seite her virulent: Nämlich in Gestalt der Täuschungsfreiheit der Wahrnehmung bezüglich ihrer eigenen, spezifischen Inhalte. Ich kann mich darüber täuschen, ob das, was ich sehe (eine Flagge etwa), rot ist – aber nicht darüber, dass ich rot sehe. Insofern, sagt Aristoteles an jener Stelle, sei die Wahrnehmung immer wahr. Sie ist freilich eine in sich abgestufte Fähigkeit und kann sich durchaus auch auf dasjenige richten, dem der Inhalt zukommt (die Flagge); sie ist dann *Wahrnehmung von etwas*. Insofern wird sie auch täuschungsanfällig, kann sie wahr oder falsch sein. Genau genommen kann sie sogar nur insofern wahr sein, als sie täuschungsanfällig ist (und also auch falsch sein könnte): Denn in der bloßen Präsentation eines Inhalts fehlt ihr die für Wahrheit geforderte Komplexität. Die *Wahrheit aus Täuschungsfreiheit* ist also nur im uneigentlichen Sinne Wahrheit (vgl. dazu vor allem Metaphysik, 1051b18ff.) – eine Situation, die man terminologisch bereinigen könnte. Sie legt jedoch zwei wichtige sachliche Fragen nahe. Erstens die nach den möglichen Trägern der Wahrheit: Wenn die Wahrnehmung als solche ihre spezifischen Inhalte auf Objekte bezieht, dann kann ihr ebenso wie einem Satz Wahrheit und Falschheit zukommen – und Aristoteles erweitert das an dieser Stelle auch auf Meinungen. Natürlich wird es in der Folge interessant sein, ob auch Prinzipien wie der Satz vom Widerspruch auf Meinungen und Wahrnehmungen Anwendung finden. Die andere Frage betrifft den inneren Zusammenhang zwischen höherstufiger (wahrheitsfähiger) Wahrnehmung und der Wahrnehmung als Präsentation eines Inhalts: Wenn auch die Täuschungsfreiheit einer solchen Präsentation nur in einem abgeleiteten Sinn als Wahrheit verstanden werden kann, so wird man doch untersuchen wollen, inwiefern ihr eine besondere Funktion in der Erforschung und Prüfung der Wahrheit gegeben werden kann. So stellt sich in der aristotelischen Theorie die erkenntnistheoretische Dimension des Wahrheitsproblems wieder her. Möglicherweise liegt hier ein Anstoß zu einer Diskussion vor, die die nach-aristotelische Philosophie – insbesondere die Stoa – über die Wahrnehmung als Kriterium der Wahrheit geführt hat (Striker 1996, bes. Kap. 2 und 7).

Die weitreichendsten Wirkungen aber löste Aristoteles gewiss mit dem Konzept aus, das er für den Zusammenhang von Wahrheit und Wissenschaft entwickelte. Die Lehre von der Wahrheit als Prädikat von Sätzen entfaltet hier ihr ganzes Potenzial. Ein wissenschaftlicher Schluss ist ein gültiger Schluss, dessen Prämissen (das erste *Gesetzte* aus der Definition des Syllogismus) wahr sind. Damit wird zunächst nur das platonische *wahre Wissen* an die Auffassung der Wahrheit als Satz-Wahrheit angepasst; aber Aristoteles sieht die Wissenschaften insgesamt als einen logischen, schlussartigen Zusammenhang, in den der Beweis einzelner Sätze, die Erklärung komplexer Phänomene und die Erforschung allgemeinster Grundsätze integriert sind. Für lange Zeit wird diese Struktur festlegen, wie Wahrheit zu finden, zu begründen und zu erhalten ist.

3

Wahrheit in Konkurrenz von Theologie und Wissenschaft: Die kopernikanische Wende

Der Hauptteil dieses Kapitels beschreibt die dramatische Auseinandersetzung um das Wahrheitsverständnis in der Frühen Neuzeit. Die Kontroversen von Theologie, Wissenschaft und Philosophie werden vor allem im Spiegel der kopernikanischen Reform – und mit Bezug auf das Werk des Philosophen Hans Blumenberg – analysiert. Als wesentliches Resultat erscheint die Preisgabe der klassischen Verknüpfung der Wissenschaft mit Wahrheit – zugunsten einer Aufwertung des Technischen. Der Anfang des Kapitels skizziert die Aufnahme antiker Wahrheitstheorien im Mittelalter.

Wissenschaft und Wahrheit

Im Zentrum der aristotelischen Vorstellung von Wissenschaft standen, ebenso wie in Platons Konzeption des Wissens, die Begriffe Wahrheit und Begründung. Für Platon verdichtete sich Wahrheit im Gedanken eines *wahrhaft Seienden* (Idee), und wenn überhaupt etwas davon Verschiedenes als begründete Wahrheit gelten können sollte, dann nur insofern, als eine doppelseitige Beziehung in Kraft war: wo der Sache nach die Idee dem Begründeten eine Art von Teilhabe gewährte; und wo auf der sprachlichen Seite das dialektische Verfahren zur Einsicht in eben diese Abhängigkeit führte. Im Unterschied dazu kann bei Aristoteles der gesamte Komplex als eine sprachliche Struktur gedeutet werden: Was wahr ist, ist stets ein Satz, und Begründung eine Beziehung zwischen Sätzen. An die Stelle der Ideen, die Teilhabe gewähren, treten ausgezeichnete Sätze (Prinzipien), aus denen andere Sätze nach logischen Regeln ableitbar sind. Wissenschaft lässt sich als eine Sprache mit einer bestimmten Struktur (zusätzlich zu anderen, etwa grammatischen Strukturen) auffassen: Erklärung. Wenn jene Prinzipien gefunden sind, von denen her Beweise geführt werden, dann erweitert sich die Wissenschaft dadurch, dass immer mehr interessante Phänomene erklärt, immer mehr problematische Aussagen verifiziert oder widerlegt werden. So gesehen erfüllt die Wissenschaft ihre Aufgabe unter der Voraussetzung, dass gewisse allgemeinste Sätze wahr sind.

Ob es für solche Wahrheiten weitere generelle Kennzeichnungen gibt, und wodurch sich letztlich ein Satz zum Prinzip qualifiziert – denn Wahrheit alleine kann dafür ja nicht ausreichen –, das sind erkenntnistheoretische Fragen, die Aristoteles in den Dimensionen von Wahrnehmung, sprachlicher Systematisierung der Erfahrung und Prinzipienforschung untersucht. Die Wissenschaft als eine Sprache zu betrachten bedeutet nicht, ihr den Bezug auf eine Welt unabhängiger Gegenstände – und die Quellen der Erkenntnis von diesen Gegenständen – zu nehmen.

Auch wenn manches in dieser Einstellung des Aristoteles – etwa die Unterbewertung der wissenschaftlichen Forschung gegenüber dem Beweis – heute nicht mehr geteilt werden kann, so mutet sie doch insgesamt modern an, vor allem durch die Besonnenheit, mit der sie Motive der rationalen Erklärung und des empirischen Gehaltes in einem logischen Rahmen in Balance hält. Ein Aspekt freilich, der im modernen Wissenschaftsbild – insbesondere seit dem 19. Jahrhundert – eine entscheidende Rolle spielt, ist darin nicht zu finden: der Gedanke, dass eine wissenschaftliche Theorie gleichsam als ganze falsch – und insbesondere durch ein einzelnes Faktum oder Experiment widerlegbar – sein könnte (Sambursky 1956, 233ff.). Verschiedene Gründe stehen dem entgegen. Einmal ist die antike Auffassung von *Experiment* eine völlig andere: Es wird nicht als Test gedacht, sondern als Mittel, Erfahrung durch die Bildung allgemeiner Begriffe zu stabilisieren. Zum anderen erschien eine Theorie oder Wissenschaft als viel zu komplexes Gebilde, um nach demselben Maßstab wie ein einzelner Satz bewertet zu werden. Der Erfolg der aristotelischen Physik besteht darin, ein zusammenhängendes Verständnis der vielfältigen Aspekte zu ermöglichen, unter denen die Bewegung der natürlichen Dinge problematisch ist, und in diesem Kontext auf Prinzipien gestützte Erklärungen der Phänomene zu liefern. Dass diese ganzheitliche Sicht nicht willkürlich in Aristoteles' Wissenschaftstheorie hineingelesen wird, belegt schon der Umstand, dass sie Jahrhunderte hindurch genau in diesem Geist aufgefasst wurde: Die Kommentare zur Physik etwa diskutierten natürlich seit der späteren Antike Gegenbeispiele und Argumente, die der Theorie flagrant widersprachen – aber man addierte sie entweder als spezielle Phänomene gleichsam zu der Theorie hinzu, oder klassifizierte sie als Abweichungen. Noch so drastische Fälle führten nicht zu einer Verwerfung der aristotelischen Physik als solcher.

Allerdings besteht zwischen dem allgemeineren Gedanken der globalen Wahrheit einer Theorie, und dem spezielleren Gedanken ihrer Verifikation durch ein Experiment ein beträchtlicher Unterschied – zumindest in historischer Perspektive. Lange bevor das Konzept des *crucial experiment* seine moderne Bedeutung annahm, war es denkbar geworden, die Wahrheit einer wissenschaftlichen Theorie als Ganzer einer anderen Wahrheit – nämlich der des Glaubens – gegenüber zu stellen. Eine solche konfrontative Situation entstand in der Frühen Neuzeit – um das polemische Zentrum der kopernikanischen Revolution des Weltbildes. Sie hatte bedeutende Folgen für die Geschicke des Wahrheitsbegriffes in Wissenschaft und Philosophie. Eine unabhängige Voraussetzung für das Aufkommen jener Diskussion lag darin, dass die christliche Theologie ihr Selbstverständnis an einen Begriff der Wahrheit geknüpft hatte, mit dem sie einen philosophischen Anspruch auf Weltdeutung verband.

Mittelalter

In der Tat ist die Geschichte des Wahrheitsbegriffes im europäischen Hochmittelalter vor allem die einer theologischen Rezeption philosophischer Problemstellungen und Gehalte. Schon vor der intensiven Auseinandersetzung mit Aristoteles – dessen Werk bis zum 13. Jahrhundert im christlichen Europa wenig Beachtung fand – wurden bedeutende Abhandlungen über die Wahrheit geschrieben, beginnend im elften Jahrhundert mit Anselm von Canterburys „De veritate" (Anselm: De veritate 1966). Er bedauerte im ersten Kapitel noch ausdrücklich, keine überlieferte Definition von Wahrheit vorgefunden zu haben – Thomas von Aquin setzte sich bereits kritisch mit einem ganzen Panorama antiker und mittelalterlicher Vorschläge auseinander.

Unübersehbar in Anselms Traktat ist das Bestreben, zwei gegenläufige Tendenzen zu harmonisieren. Einerseits die Auffassung von Wahrheit als einer autonomen Instanz, vor allem durch Selbstübereinstimmung charakterisiert: Wahr im höchsten Sinne ist, was ganz und immer es selbst und sich selbst gleich ist. Im Hintergrund steht dabei Platons *Wahrheit als wahrhaftes Sein*, zweifellos vermittelt durch Augustinus. Anderseits jedoch soll der Vielfalt von Bedeutungen und Funktionen Rechnung getragen werden, die der Begriff der Wahrheit auch hat beziehungsweise erbringt: in der Aussage, in der sinnlichen Wahrnehmung, in der Willensbildung, im Recht, in Bezug auf die einzelnen Dinge selbst. Beeindruckend durch ihre Klarheit ist Anselms Theorie der Aussage-Wahrheit, die in einer Leitvorstellung von Übereinstimmung („Wann ist eine Aussage wahr? Wenn ist, was sie aussagt, sei es bejahend, sei es verneinend"; Anselm: De veritate, 39) noch zwei Aspekte unterscheidet: die Aussage selbst als Träger der Wahrheit, die Sache (*res*) als deren Ursache. Ihre eigentliche Signatur hat Anselms Lehre aber im Begriff der *rectitudo* (Richtigkeit, Rechtheit), der unter einem Gesichtspunkt der Zweckerfüllung die vielfältigen Wahrheitsbegriffe dem gemeinsamen Zentrum der einen göttlichen Wahrheit zuzuordnen erlaubt: Wenn die verschiedenen Aspekte oder Träger der Wahrheit (Aussagen, Meinungen, Sinne, die Dinge selbst etc.) ihre jeweilige Definition erfüllen (die Aussage etwa, indem sie mit dem Sachverhalt übereinstimmt), so erfüllen sie, wie Anselm sich ausdrückt, gegenüber der höchsten Wahrheit eine je spezifische *Schuldigkeit*, und von dieser Zielbestimmung aus ist es gerechtfertigt, sie alle mit dem Wort *Wahrheit* zu belegen.

Eineinhalb Jahrhunderte später, bei Robert Grosseteste, ist dieses Interesse an der Vereinigung besonderer (*geschaffener*) Wahrheiten mit einer *höchsten Wahrheit* noch immer lebendig. Der Akzent fällt zwar nicht mehr so sehr auf die Einheit, aber weiterhin gilt: „Veritas igitur etiam creata ostendit id, quod est, sed non in suo lumine, sed in luce veritatis summae […]" (Grosseteste 1912, 137f.). In Grossetestes „De veritate" taucht zum ersten Mal jene Formulierung der *Wahrheit als Übereinstimmung* auf, die bis heute, wenn man auf mittelalterliche Theorien verweist, vor allem aus dem Werk des Thomas von Aquino (Thomas von Aquin: De veritate, 15) zitiert wird: „adaequatio rei ad intellectum". Auch Grosseteste (Grosseteste 1912, 134) verweist dafür übrigens schon auf eine anonyme Quelle. Er geht ausdrücklich auf Anselm ein, seine Augustinusbezüge sind wesentlich präziser als die Anselms, und in Einzelheiten wird ein Einfluss des Aristoteles deutlich (wenn er etwa von den besonderen Problemen mit der Wahrheit von Aussagen spricht, die die Zukunft betreffen; Grosseteste schrieb einen Kommentar zur „Zweiten Analytik", der wissenschaftstheoretischen Abhandlung des Aristoteles). Im Werk Thomas' kann man dann alle wesentlichen Facetten der aristotelischen Wahrheitsauffassung – z. B. den Zusammenhang zwischen der Komplexität der Aussage und der Wahr-/Falschheit (Thomas von Aquin: De veritate, 23) – in ein Konzept der einen göttlichen Wahrheit eingefasst sehen.

Was die Voraussetzungen für die Wahrheitsproblematik in der Frühen Neuzeit betrifft, so gibt es allerdings – neben dieser Rezeption antiker sprachlogischer und metaphysischer Ansätze – noch zwei weitere, mindestens ebenso wichtige Entwicklungen. Bei der einen handelt es sich, vom 13. Jahrhundert an, um die Selbstdeutung der Theologie als Wissenschaft im aristotelischen Sinn; das ist, wie Wolfhart Pannenberg betont hat, etwas anderes als die Stellungnahme zu wissenschaftlichen Gehalten aus der Perspektive des Glaubens. Insbesondere bedeutet es, dass inner-theologisch Wahrheitsansprüche erhoben werden, für die wissenschaftliche Maßstäbe gelten: „Die Theologie muss sich dann auf mancherlei andere Bereiche einlassen neben dem der religiösen Erfahrung […] So redet die Theologie traditionell von der Schöpfung der Welt durch Gott. Sie muss sich dabei auch um das Weltverständnis der Naturwissenschaften kümmern, und zwar nicht nur unter dem Gesichtspunkt, ob die Naturwissenschaftler selbst Christen sind, sondern unter dem Gesichtspunkt der Vereinbarkeit ihrer Methoden und Erkenntnisse mit dem Verständnis der Welt, das der Schöpfungsglaube impliziert" (Pannenberg 1977, 265). Aus diesem allgemeinen Gesichtspunkt konturiert sich auch die zweite Entwicklung: nämlich die Aufnahme besonderer Inhalte der aristotelischen Philosophie in die Theologie.

Dass dies ein komplexer Vorgang war, zeigt sich daran, dass noch nach der großen aneignenden Leistung Thomas', in den siebziger Jahren des dreizehnten Jahrhunderts, aristotelische Positionen als Irrlehren verurteilt – und ihre Vertreter mit Exkommunition bedroht – wurden (in Paris 1270 und 1277); Thomas selbst war betroffen. Natürlich handelte es sich dabei im Wesentlichen um Differenzen, die gegenüber der Lehre von der Schöpfung, der Allmacht Gottes und der damit einhergehenden Einebnung der kosmischen Ordnung bestanden. Für Aristoteles war eine solche Ordnung undenkbar ohne innere Gliederung in wesenhaft verschiedene Elemente und Bereiche – in der christlichen Vorstellung von Schöpfung aber musste jede Differenz gegenüber der göttlichen Allmacht relativierbar sein – musste alles von Gott Verschiedene in einem homogenen Begriff des *Geschaffenen* untergebracht werden können. Wenn einige Jahrzehnte später die Verurteilung der thomistischen Lehren zurückgenommen und die Front gegenüber dem Aristotelismus gelockert wurde, so lag das Motiv noch eine Ebene höher: darin vor allem, dass die Konzeption des unbewegten Bewegers im zwölften Buch der aristotelischen „Metaphysik" die Denkfigur eines Gottesbeweises anbot, der in gewisser Weise eine positiv-differenzierende Weltdeutung aus dem Glauben heraus ermöglichte.

Dass es (Aristoteles: Metaphysik XII,7 1072a18ff.) zu allem, was sich bewegt oder verändert, etwas gibt, wovon es bewegt wird, und daher zu allem, was sowohl bewegt wird wie auch seinerseits bewegt, etwas geben muss, was bewegt, ohne selbst bewegt zu sein (was also die Bewegung von allem anderen regiert) – das kann in den Beweis eines ursprünglichen Schöpfers umgewendet werden und lässt doch zugleich, in Abhängigkeit von seiner Macht, eine geordnete Hierarchie von Instanzen zu, über die hinweg er Bewegung in einer Kette von Ursachen und Wirkungen weitergibt. Nach dem aristotelischen Bild: von außerhalb der äußersten Himmelssphäre nach innen bis zur Erde. Dieser Gedanke vermittelt den Glauben an einen jenseitigen Gott mit einer wahrheitsfähigen Aussage über den Bau des Kosmos, und ermöglicht dem Christentum eine differenzierte Deutung – nicht bloß Abwertung – der Welt. Was Hans Blumenberg den „Gnadencharakter des Seins der Welt" nannte (Blumenberg 1965, 19), war so in einem positiven Aspekt darstellbar und bestand nicht nur aus der Sorge, Gott könnte in seiner Allmacht die Rücksicht auf das von ihm Geschaffene aufkündigen. Die Vorstellung der sich ständig erneuernden Schöpfung milderte die Bedrohung eines solchen möglichen Rückzuges vor allem dadurch, dass Gottes Gnadenwirkungen in der Welt ständig sichtbar waren. Es ging also bei jenen Verurteilungen im 13. Jahrhundert – und in den Diskussionen der folgenden Jahrzehnte – darum, ob und auf welche Weise die wissenschaftliche Wahrheit überhaupt in die Dimension des Glaubens eingelassen werden konnte. Am deutlichsten sieht man das an dem Verbot der zweifachen Wahrheit von 1270, das gleichsam als Metaverbot alle anderen umrahmte: „Sie sagen nämlich, dies sei wahr gemäß der Philosophie, aber nicht gemäß dem katholischen Glauben, als ob diese zwei gegensätzliche Wahrheiten seien und als ob gegen die Wahrheit der Hl. Schrift Wahrheit in Sätzen verdammter Heiden sei [...]" (zit. nach Grabher 2005, 76). Genau diese Differenz beginnt von dem Moment an irrelevant zu werden, wo sich der Glaube die philosophische Wahrheit in der Form eines Gottesbeweises aneignen konnte, sodass also nach einigen Jahrzehnten die Kirche eine wissenschaftliche Wahrheit *hatte* – und zur philosophischen Theorie eine Einstellung der Kompetenz anstelle des Misstrauens.

Kopernikanische Wende

In der Auseinandersetzung mit dem Kopernikanismus, weitere eineinhalb Jahrhunderte später, handelte es sich bereits um etwas anderes: nicht um die problematische Integration von wissenschaftlicher Wahrheit in Glauben, sondern um die Konfrontation dieser bereits gewonnenen mit einer konkurrierenden Wahrheit. In der Abhandlung „De revolutionibus orbium coelestium" (1543) behauptete Kopernikus, dass im Mittelpunkt des Universums nicht die Erde, sondern die Sonne stehe. Der Kontext der Behauptung war astronomisch, doch wurde sie explizit mit dem Anspruch vorgetragen, ein wahres Bild der Ordnung des Kosmos zu geben. Es stand offenkundig in Spannung zu jenem anderen – *geozentrischen* – Bild, das sich so vorteilhaft mit dem Gedanken der Weiterleitung der göttlichen Schöpfungskraft verschränkt hatte; zur Zeit der Veröffentlichung war jedoch keineswegs klar, dass die Unvereinbarkeit der Bilder auch eine Gefährdung jener Wahrheit selbst nach sich zog, die sich die Kirche im Geozentrismus anschaulich machte. Das hing davon ab, worauf das *kopernikanische* Bild exakt referierte, oder anders ausgedrückt: welche Bedeutung das Wort *wahr* in jener Behauptung hatte.

In der Tat scheint sich diese Frage gar nicht unmittelbar aufgedrängt zu haben: Einige Jahrzehnte hindurch wurde das heliozentrische Bild einfach neben dem geozentrischen akzeptiert (Blumenberg 1965, 45 und Schmeiser 2002, 83) und Kopernikus dafür gewürdigt, dass er als Erster eine Alternative zum ptolemäischen System nicht nur erwogen, sondern tatsächlich ausgearbeitet hatte. Sein schließliches Verdienst war, aus diesem Winkel gesehen, die bessere Astronomie. Wenn man diese Rezeptionsphase im Lichte der späteren Verschärfung der Auseinandersetzung betrachtet, so wird man sagen: Das war nur möglich, weil das Wort *wahr* in der Behauptung des Kopernikus zu leicht genommen wurde, verdünnt zu *rein astronomisch wahr* oder *rechnerisch wahr* oder einfach *erfolgversprechendes Modell*. Sinn bekommt eine solche simple Interpretation freilich nur durch den Kontrast, den sie meint: was sie als jeweils ernsteren Wahrheitsanspruch anvisiert. Hier muss man zwei Aspekte unterscheiden. Der eine ist der mögliche Kontrast mit der Intention, die Kopernikus selbst (der im Jahr der Publikation der „Revolutiones" starb) mit seiner Behauptung verband (War der frühe Erfolg vielleicht ein Missverständnis seines Anspruchs?).

Etwas anderes ist die Frage, welche objektiven Bedingungen eigentlich einen stärkeren, theologisch brisanten Wahrheitsanspruch möglich gemacht hatten, egal ob dieser nun von Kopernikus intendiert, immer schon latent gewesen oder erst in der zweiten Hälfte des 16. Jahrhunderts vorstellbar geworden war. Unter beiden Aspekten hat Hans Blumenberg die *kopernikanische Wende* immer wieder durchgedacht und in einem insgesamt monumentalen Werk als *die* dramatische Episode in der Geschichte der Wahrheit schlechthin dargestellt.

Hinsichtlich Radikalisierung des Wahrheitsanspruchs ist Blumenberg der Auffassung, dass dafür eine einzelne Initiative niemals hätte zureichen können – dass also potenzielle Konfliktherde in der scholastischen Philosophie selbst die Ansatzpunkte gewesen sein mussten. So brachte etwa jene Vorstellung von der Schöpfungskausalität, welche die göttliche Ursache durch die Kette der Erscheinungen hindurch stetig am Wirken sah, eine gewisse Unsicherheit in Bezug auf die Sakramente mit sich. Die Sakramente sind Gaben Gottes, aus denen heraus den Menschen seine Gnade zuteil wird – die Frage ist freilich, ob in der konkreten Spende des Sakraments diese Wirkung aktuell von Gott selbst ausgeht, oder ob es sich um eine Art von Depot handelt. Der Franziskaner Francisco de Marchia versuchte diese Alternative zu Anfang des 14. Jahrhunderts (ca. 1320) durch einen Vergleich zu entscheiden, indem er nämlich die göttliche Gnadenwirkung mit einer Wurfbewegung und das Sakrament mit einer Art Bewegungskraft gleichsetzte, die der Werfende im Gegenstand deponiert. Der Werfer bleibt, getrennt von dem mit diesem Impuls weiterfliegenden Projektil, zurück – so wie der auferstandene Gottessohn sein Werk der Erlösung den Menschen überließ. In Blumenbergs Interpretation bediente sich Marchia des Vergleiches, um seine Auffassung der Sakramente plausibel zu machen, förderte auf diese Weise aber vor allem jene Analyse des Wurfes durch den Begriff eines mitgeteilten *impetus* (es musste doch für die Theorie sprechen, wenn man von ihr eine so nützliche Anwendung in einer fundamentalen Frage machen konnte). Diese Anordnung der Prioritäten von Theologie und Physik mag historisch fragwürdig sein (Wolff 1978, 192f.), aber die offene Herstellung des Kontakts von theologischen und physikalischen Aspekten der Denkfigur ist bedeutsam genug – weil sie tatsächlich den Grundpositionen des Aristoteles zur Bewegungskausalität widerstreitet. Für ihn erforderte eine anstoßgebende Verursachung immer den Kontakt mit dem Bewegten, sein Paradigma für außengesteuerte (nicht-natürliche) Bewegung war daher das Schieben oder Ziehen (Butterfield 1957, 15ff.). Der Wurf stellte natürlich unter diesen Annahmen ein Problem dar; er wurde so erklärt, dass der ursprüngliche Anstoß auch die das Projektil umgebende Luft mitbewegte, die dann im Flug weitere Anstöße propagierte (Butterfield 1957, 18). Das gequält Künstliche dieser Hypothese sollte man als Index für die Hartnäckigkeit nehmen, mit der Aristoteles seine Vorstellung von *Kausalität durch Kontakt* durchzuhalten gewillt war. Die Lehre vom mitgegebenen Anstoß wäre ihm aber wohl auch deshalb nicht akzeptabel gewesen, weil die besondere Gegenständlichkeit dieses sogenannten *impetus* nicht festzumachen war: Das war ja weder ein regelrechtes Ding, noch konnte es einem einzelnen Ding als reale Bestimmung zugeordnet werden. *Theoretische Objekte* dieser Art sah die aristotelische Physik nicht vor.

Marchia selbst tastete sich schon an die Frage heran, ob das Modell einer vom Verursacher gelösten, übertragenen Bewegungskraft nicht auch in der Himmelsmechanik Anwendung finden könnte. Diese Option wurde dann in der Mitte des 14. Jahrhunderts von Johannes Buridan ausdrücklich wahrgenommen: Mit der Idee, dass vielleicht ein endlicher Anstoß ausreichen konnte, die Himmelskörper (die ja keinen Widerstand zu überwinden hatten) in eine unendliche Bewegung zu versetzen – da kündigt sich bereits das mechanische Uhrwerk als Bild des Kosmos an (Blumenberg 1965, 34).

Alle derartigen Ansätze hatten eher lokale Bedeutung, als bloße Gedankenexperimente oder weil sie auf spezielle Fragestellungen (wie die Ballistik) beschränkt schienen; aber sie enthielten Konfliktstoff gegenüber der aristotelischen Physik gerade hinsichtlich jener Inhalte, in deren Wahrheit die Kirche investiert hatte. Was die Aktualisierung dieser Abweichungen auf der Ebene des kosmologischen Weltbildes als solches verzögerte, war vor allem eine fundamentale Annahme der aristotelischen Philosophie selbst: die Trennung von Astronomie und Physik. Für Aristoteles war eine Wissenschaft durch ihre jeweiligen Grundsätze definiert, so dass etwa die Begründung einer Wissenschaft durch eine andere die Selbstständigkeit der ersten aufgehoben hätte. Drastische Folge dieses Wissenschaftspluralismus ist die Verhinderung einer mathematischen Physik: Die Geometrie hat es einfach mit anderen Gegenständen zu tun als die Physik: Sie sind abstrakt, unterliegen keiner Veränderung und stehen nicht in Kausalbeziehungen zueinander. In diesem Sinn gibt es für geometrische Sätze und Sachverhalte zwar Beweise, aber keine Ursachen. Wo es um die Naturdinge geht, können mathematische Wahrheiten also nicht relevant sein. Und doch findet die Geometrie eine Anwendung: in der Astronomie. Die Sterne sind keine Naturdinge, nicht aus den Elementen zusammengesetzt und nicht vergänglich; sie bewegen sich zwar – aber ihre Bewegung ist konstant, und unabhängig von dieser Bewegung sind sie eigentlich nichts; es gibt an ihnen keine Substanz zu erforschen, die *der Bewegung unterworfen* wäre, die Sterne gehen in der Sichtbarkeit von Bewegung auf: „[…] der Himmel aber ist nichts anderes, als sichtbare Veränderung: Sieht man von dieser Veränderung ab, bleiben ein paar leuchtende Punkte, reduzieren sich die Sterne auf ihre pure Sichtbarkeit, d. h. die Tatsache ihres Erscheinens […]" (Schmeiser 2002, 81). Als Wissenschaft ist die Astronomie eine geometrische Disziplin mit besonderem Nutzen in der kalendarischen Kalkulation. Niemals handelt es sich in dieser Disziplin um Erklärung aus wahren Ursachen: Alle relevanten Unterschiede zwischen konkurrierenden Theorien liegen auf der Ebene mehr oder weniger effektiver (genauer, einfacher, verlässlicher) Beschreibung. So wurde auch im scholastischen Wissen die Astronomie als *ontologisch unverbindlich* gesehen.

Vor diesem Hintergrund sind Absicht und Wirkung jener Vorrede zu verstehen, die der Herausgeber von „De revolutionibus", Andreas Osiander, auf eigene Faust und ohne sich namentlich dazu zu bekennen, dem Text vorangestellt hatte: Darin versicherte er (Kopernikus widersprechend), dass es dem Autor auf die Wahrheit seiner Hypothesen gar nicht habe ankommen können, sondern nur darauf, eine neue systematische Grundlage für die Berechnung der Bewegungen der Himmelskörper vorzulegen, auf solider geometrischer Basis. Osiander brachte diese Sichtweise auch im Titel des Werkes zur Geltung: Kopernikus hatte nachweislich (Blumenberg 1965, 94) „De revolutionibus orbium mundi" favorisiert (wo es also um das Weltsystem geht), wogegen die endgültige Variante mit „[…] orbium coelestium" gleich von Anfang an alle Aussagen auf den besonderen Bereich der Gestirne einschränkt.

Das war genau das Argument, mit dem das innovative Werk im Rahmen einer etablierten Tradition angeboten werden konnte – zweifellos hat das zur Akzeptanz in der ersten Rezeptionsphase beigetragen und möglichen Eingriffen der Zensur vorgebeugt. In der Wissenschaftsgeschichte freilich steht Osiander als der Verräter schlechthin da, mit Verachtung, Hohn und Spott überschüttet von den Heroen des neuen wissenschaftlichen Geistes: von Giordano Bruno ebenso wie von Kepler, Lichtenberg und vielen anderen (Blumenberg 1965, 43ff.). Er hatte die Wahrheit einer ganzen Wissenschaft – ja eines wissenschaftlichen Weltbildes – an die Theologen verraten.

Aber was konnte es denn – in der Ausgangslage des Kopernikus – bedeuten, für eine astronomische Behauptung Wahrheit zu beanspruchen? Oder, anders formuliert: Worin konnte denn das besondere Gewicht einer solchen Behauptung liegen, im Kontrast zu den vielen wissenschaftsgeschichtlich verpufften heliozentrischen Hypothesen seit Aristarch von Samos? Sollte man Kopernikus so interpretieren, dass er das Wort *wahr* auf der Basis einer uneingestandenen Prophezeiung gebrauchte – dass nämlich im 17. Jahrhundert eine erneuerte Naturwissenschaft ihn als großen Vorläufer sehen würde? Diese letzte Frage ist nicht nur rhetorisch, aber gerade hier kommt es darauf an, die objektive Perspektive und die der Intentionen des Autors auseinanderzuhalten. Denn es gibt eine klare Antwort auf die Ausgangsfrage: Für eine astronomische Behauptung wie die des Kopernikus Wahrheit zu beanspruchen, kann nichts anderes bedeuten, als für sie den *status* einer physikalischen Aussage zu reklamieren. Ein solches Selbstverständnis war für Kopernikus selbst außer Reichweite – er hatte keine Vorstellung von der Physik, durch die es gerechtfertigt würde. Aber Galilei begründete Jahrzehnte später eine solche Naturwissenschaft, deren Gesetze auf der Erde gleichermaßen wie für die Sterne gelten sollten, und er bestand (wie auch Isaac Newton) darauf, dass diese Physik wahre Ursachen erkenne. Der Nachdruck ist durch und durch polemisch: Triumph genau dieser Wahrheit, welche die eingeschmuggelte Vorrede dem Kopernikus entwendet hatte. Und weil die galileische Physik in einer langen Auseinandersetzung mit der Impetus-Theorie, und aus einem veränderten Verständnis von Kausalität heraus Gestalt gewonnen hatte – Ansätzen also, die bereits im Hintergrund der kopernikanischen Theorie vorhanden waren –, so könnte man in einer gewissen Hinsicht tatsächlich sagen, dass der Wahrheitsanspruch des Kopernikus auf der Antizipation einer wissenschaftlichen Revolution beruhte, die ihn als ihren namensgebenden Begründer ausrufen würde. Aber diese Beschreibung – des Übergangs von der seichten zur aggressiven Deutung des Kopernikus – gibt bei

Weitem nicht wieder, wie tief der Prozess einschnitt in die moderne Geschichte der Wahrheit. Dazu muss man gleichsam seine Rückseite betrachten.

Galileis Emphase auf den wahren Ursachen ist vor allem deshalb ein polemisch-rhetorisches Ereignis, weil ihr in der Substanz selbst die Grundlage fehlt. Der Begriff der wahren Ursache hat eine spezifische Bedeutung für die aristotelische Auffassung der Physik als Wissenschaft von der Natur der (beweglichen) Dinge. Wer in der Physik die Erkenntnis wahrer Ursachen reklamiert, bleibt auf dem Boden des Aristotelismus; er kann freilich insofern Gegensätze aufbauen, als er für bestimmte Phänomene in Wahrheit andere Ursachen als verantwortlich erkennt. Das war aber nicht der springende Punkt an der galileischen Physik: Die hatte jenen gemeinsamen Boden tatsächlich verlassen, weil und sofern sie eine mathematische Theorie war. Sie analysierte die natürlichen Phänomene in der Sprache einer Wissenschaft, die für Aristoteles schlechterdings eine andere Wissenschaft gewesen war, weil ihre Gegenstände nicht der natürlichen Veränderung unterliegen und bloß ideale Existenz haben. Nicht mehr oberste Gattungsbegriffe, sondern allgemeingültige mathematische Beziehungen und Gesetze (Cassirer 1971, I, 417) sind die Grundlagen der galileischen Physik – das Universum ist ein Buch, in der Sprache der Mathematik geschrieben. („[…] che continuamente ci sta aperto innanzi a gli occhi (io dico l'universo) […] scritto in lingua matematica, e i [cui] caratteri son triangoli, cerchi, ed altre figure geometriche […]" (Galilei 1655, 19).

Aber diese Parole kann man nur im Zusammenhang mit einer neuen Auffassung des Experiments verstehen. Denn wie sollte es zu erklären sein, dass Jahrtausende hindurch die Gelehrten, die die Geometrie des Himmels so aufmerksam und verständnisvoll gelesen hatten, blind gewesen wären gegenüber denselben Zeichen derselben Sprache, wenn sie den Blick in ihre nähere Umgebung, auf die Erde zurückwendeten? Die *lingua matematica* muss in die Natur vor allem erst eingelesen werden, und dies erfordert eine reale Intervention: Es handelt sich darum, Naturgegenstände zu Instrumenten zu eichen, an denen die Interaktionen, in die sie mit anderen Gegenständen gebracht werden, in Raum/Zeit-Größen ablesbar sind. Naturgesetze sind die Gesetzlichkeiten (Funktionen), die sich in solchen Experimenten buchstäblich abzeichnen – und nicht die Wirkungsweise von Kräften in den Dingen selbst.

Was soll *Wahrheit* hier bedeuten? Die neue Physik ist anti-aristo-
telisch in einem Sinn, der genau das Pathos des Anspruchs auf wahre
Ursachen untergräbt. In Blumenbergs Worten „[...] ist für die intel-
lektuelle Neugierde der Neuzeit gerade dies charakteristisch, dass sie
[...] nicht einmal als Verlangen nach Wahrheit definiert werden kann.
Sonst hätte die Wandlung der Wahrheitsproblematik in der Neuzeit
den Antrieb der Neugierde gründlich entmutigen und desavouieren
müssen: Denn während der Theoretiker unter den Voraussetzungen
des traditionellen Wahrheitsbegriffes herauszufinden beansprucht, wie
eine Sache sich tatsächlich und an sich selbst verhält, kann er unter
den Bedingungen moderner Erkenntniskritik sich damit begnügen,
eine Hypothese mit den Daten seiner Empirie in Einklang zu bringen
und im Grunde nur ein Verfahren zur Darstellung und Herstellung der
Sache bzw. ihres phänomenalen Äquivalents anzugeben" (Blumenberg
1966, 206f.). Ein solches Verfahren ist das moderne Experiment.

Kaum jemand hat diese Zusammenhänge klarer erkannt als Kant in
jenen berühmten Sätzen in der Vorrede zur zweiten Auflage der „Kritik
der reinen Vernunft": „Als Galilei seine Kugeln die schiefe Fläche mit
einer von ihm selbst gewählten Schwere herabrollen [...] ließ [...] so
ging allen Naturforschern ein Licht auf. Sie begriffen, dass die Vernunft
[...] mit Prinzipien ihrer Urteile nach beständigen Gesetzen vorange-
hen und die Natur nötigen müsse, auf ihre Fragen zu antworten [...]"
(Kant: KrV, B xiif.). Kant organisiert Beispiele und Bilder präzise:
Denn er fixiert den wesentlichen Inhalt seiner Aussage – den kons-
truktiv-entwerfenden Charakter der Physik – mit der Erinnerung an
Galilei, und erst, wenn es um die Übertragung dieses Vorbildes auf die
Metaphysik geht, bringt er Kopernikus ins Spiel – auf der rhetorischen
Ebene. Aber es ist ein getreues Bild: Denn die *kopernikanische Wende*
kann wirklich genau das bezeichnen, womit erst Galilei die Physik „auf
den Heeresweg der Wissenschaft" (ebd.) brachte.

Das liegt daran, dass der Wahrheitsanspruch des Kopernikus nicht
nur als ein Wechsel anzusehen ist, 150 Jahre später eingelöst. Seine
Erkenntnisziele haben einen realen Bezug auf den Entstehungspro-
zess der modernen Wissenschaft, und die interessantesten Analysen
Blumenbergs zeichnen diese gleichsam subjektive Seite nach. Man
muss sehen, dass die kopernikanische Theorie keineswegs nur das
Zentrum des Universums in die Sonne verschob, sondern mit der Bewegung der Erde diese gleichsam *unter die Sterne aufnahm* – also im
astronomischen Kontext sehr wohl eine im Aristotelismus wesentliche

Schwelle einebnete. Der Kopernikus-Anhänger Georg Joachim Rhetikus (der die Veröffentlichung von „De revolutionibus" maßgeblich betrieben hatte) arbeitete in seinem Kommentar („Erster Bericht über die 6 Bücher des Kopernikus von den Kreisbewegungen der Himmelsbahnen") (Rhetikus 1943) insbesondere die Schlüsselrolle heraus, die der Annahme der Erdbewegung für die Kalkulation aller Bewegungen im kosmischen Gebäude zukam – was ihr eine mindestens ebenso herausragende Sonderstellung verleihen sollte wie das geozentrische Bild. Dieser Punkt ist aufschlussreich für die Interpretation der konkreten Formulierung, die Kopernikus selbst für sein höchstes Beweisziel fand: dass er nämlich eine Vorstellung der Weltmaschine darlegen wolle, die dem Umstand gerecht würde, dass sie vom Schöpfer doch um der Menschen willen eingerichtet worden sei, und also in ihrer wahren Funktion auch für sie verstehbar sein müsse: „[…] begann es mir schließlich widerlich zu werden, dass die Philosophen, die sonst alles, was sich auf jene Kreisbewegung bezieht, bis ins Kleinste so sorgfältig erforschten, keinen sicheren Grund für die Bewegungen der Weltmaschine hätten, die doch unsertwegen von dem größten und nach genauesten Gesetzen zu Werke gehenden Meister geschaffen ist" (Copernicus 1959, 11).

Man sieht, wie die heliozentrische Annahme die Bedeutung der Erde für eine angemessene Rekonstruktion der kosmischen Verhältnisse auch aufwertete (Schmeiser weist darauf hin, dass Kopernikus in seinem eigenen Vorwort den Kern der Theorie darstellen konnte, ohne die Sonne – die doch im Zentrum des Systems steht – überhaupt zu erwähnen! Schmeiser 2002, 102; Newton wird die Frage nach dem Zentrum des Universums gar nicht mehr als wissenschaftliche Frage anerkennen). Kopernikus hat gleichsam die *Frage des Mittelpunktes* als Ganze aus ihrer Fixierung auf die visuelle Dimension befreit und als eine Angelegenheit der „theoretischen Sonderstellung des Menschen" neu definiert (Blumenberg 1965, 50). Der Wahrheitsanspruch ist schon hier nicht mehr auf eine Übereinstimmung mit dem Wesen der Dinge und auf die Erkenntnis der in ihnen wirkenden wahren Ursachen gerichtet, sondern auf die Ausschöpfung der Erkenntnischancen, die Gott den Menschen gegeben hat.

Diese Einstellung ist in anderen Schichten verankert, als die rechtfertigende Geste Osianders. Beide konvergieren freilich auf eine relativistische Folgerung hin, die in der Zeit von Leibniz bis zur Relativitätstheorie zur offiziellen wissenschaftsgeschichtlichen Wahrheit wurde: Osiander durch Verzicht auf die Auszeichnung einer wahren

Ursache, Kopernikus letztlich durch die Einordnung der Mittelpunkt-Frage in eine Zweckmäßigkeit der Schöpfung für den Menschen. Die letztere Perspektive ist gewiss in Zusammenhang mit der humanistischen Bewegung seit dem späteren 14. Jahrhundert zu sehen, die das Wahrheitsverständnis des scholastischen Aristotelismus in andere Richtungen – auf die Geschichte, die lebendige Sprache, die politische Gemeinschaft hin – zu überschreiten suchte. Dass sie die reichere, dass sie die *dynamischere* Perspektive ist, liegt aber vor allem daran, dass sie, statt bloß die Astronomie als eine mathematische Disziplin von der Physik abzugrenzen, die Erkenntnishaltung erahnen lässt, in der eine mathematische Physik entwickelt werden wird.

Descartes, Kant

In der Auseinandersetzung um den Kopernikanismus verwandelte sich jene Physik, die von der mittelalterlichen Theologie angeeignet worden war, in eine neue Wissenschaft. Diese befestigte paradoxerweise ihre Stellung gerade dadurch erfolgreich, dass sie den Einsatz der Kontroverse – den Anspruch auf Wahrheit – preisgab: „Der Verzicht auf Fragen nach der Natur und dem Wesen der Dinge hatte sich als das einzige Mittel herausgestellt, Antworten auf ein beschränkteres Wissenwollen zu bekommen […]" (Blumenberg 1975, 359). Was bei Galilei, am Höhepunkt der Polemik, noch mit der Emphase der *wahren Ursachen* überspielt wurde, sprach Descartes offen aus: dass in der Frage des Weltsystems auch von der Hypothese, die zur Erforschung der natürlichen Ursachen der Erscheinungen am besten geeignet ist, nicht behauptet werden muss, „dass sie gänzlich der Wahrheit entspricht" (Descartes 1965, 69). Er verallgemeinerte diese Einstellung zum Prinzip, dass methodische Erweiterung der Erkenntnis überhaupt nur unter der Voraussetzung möglich sei, dass man von der Referenz auf ein *inneres Wesen der Sachen* absieht (Marion 1981). Für Descartes war schon ausgemacht, dass der Fortschritt der Wissenschaft eine Frage der Macht des Menschen ist, Probleme durch die Erfindung von mathematischen Modellen zu lösen, die mit der konkreten Erfahrung technisch verkoppelt sind.

Die Wissenschaft löst sich so aus einem Bezug auf Wahrheit, den sie seit Platon – wenn auch in mannigfachen Umgestaltungen – aufrechterhalten hatte. Andere Begriffe gewinnen für ihre Selbstreflexion an Bedeutung: Methodik, Sicherheit, Gewissheit, Innovation. Manche Verlagerungen resultieren noch direkt aus dem Prozess der *kopernikanischen Wende*: Die Überwindung des Grabens zwischen Physik und Astronomie in der mathematisierten Naturwissenschaft ist wohl das entscheidende Signal für das Konzept von Einheitswissenschaft, das Descartes prägt. Von ihm geht ein Impuls aus, Wissenschaft überhaupt als Integration und Systematisierung (im Gegensatz zu Begründung) von Wissen zu verstehen, und indirekt kann dadurch eine Redeweise von *wissenschaftlicher Wahrheit* gestützt werden, die gar nichts anderes meint, als die Einbeziehung einer gegebenen Aussage in den faktischen, institutionalisierten Zusammenhang der Wissenschaft. Über längere Zeiträume gesehen haben sich aus diesen neuen Konstellationen auch Theorien herausgebildet, die ausdrücklich und auf allgemeiner Ebene das Verhältnis solcher *Wahrheit durch Zusammenhang* zum traditionellen Wahrheitsverständnis reflektierten. Davon gingen vor allem im 19. Jahrhundert neue Anstöße auf die Philosophie aus. Aber schon bei Kant deutet sich die Entwicklung an. Abgesehen von seiner Überzeugung, jedwede Lüge sei absolut verwerflich (Kant: MS, 85), war Wahrheit für ihn kein großes Thema (das für seine philosophische Entwicklung bestimmende Problem war die Beziehung einer Vorstellung auf ein von ihr verschiedenes Objekt). Die *Namenerklärung* der Wahrheit als Übereinstimmung hielt er für eine Trivialität, und jede ernsthafte Bemühung um eine inhaltliche Definition für einen Witz: Der belachenswerte Anblick, „dass einer […] den Bock melkt, der andere ein Sieb unterhält" (Kant: KrV, A 58). Aber dort, wo er über diese trostlose Alternative doch ein wenig hinausstrebt, mit dem Begriff einer „transzendentalen Wahrheit", tritt das Motiv der *systematischen Einbindung* klar hervor: „In dem Ganzen aller möglichen Erfahrung liegen aber alle unsere Erkenntnisse, und in der allgemeinen Beziehung auf dieselbe besteht die transzendentale Wahrheit […]" (Kant: KrV, A 146). Insgesamt hätte Kant wohl nicht viel auszusetzen gehabt an Hans Blumenbergs Diagnose: „Wissenschaftsgeschichtlich ist der Griff nach der Wahrheit des Ganzen der Welt, ihrer forma oder figura, nur eine Episode" (Blumenberg 1975, 367).

4

Theorie der Wahrheit: Frege, Tarski

In diesem Kapitel sollen die wesentlichsten Impulse verständlich gemacht werden, von denen die Wahrheitstheorien in der analytischen Tradition des 20. Jahrhunderts bestimmt sind. Die Darstellung ist betont historisch ausgerichtet und setzt bei den Grundgedanken Gottlob Freges, des Begründers der modernen Logik, an. So werden die charakteristischen Ideen Alfred Tarskis – die seit den 1930er-Jahren die Diskussion prägen – von vornherein in eine breite Entwicklungslinie gestellt, auf der auch noch nach dem 2. Weltkrieg immer wieder neue Ansätze versucht wurden. Das betrifft insbesondere das Verhältnis von Wahrheit und Bedeutung: Rudolf Carnap, dessen späteres Werk für die moderne logische Semantik grundlegend ist, nahm diese historische Schichtung sehr genau wahr, auf seine rückblickende Interpretation Freges wird deshalb kurz eingegangen.

Zwischen Tarskis Definition des Wahrheitsbegriffes und Freges Auffassung, Wahrheit sei ein undefinierbarer Grundbegriff der Logik, besteht naturgemäß eine Spannung: Verfolgt man sie in die jeweiligen Voraussetzungen zurück, wird aber auch eine gewisse Affinität erkennbar, vor allem in der Überzeugung, dass der Begriff der Wahrheit auf die eine oder andere Weise eine entscheidende Rolle spielen muss, wenn es um die Begründung der Semantik als einer wissenschaftlichen Theorie geht. Diese Auffassung ist nicht nur in Hinblick auf den Gegenpol einer formalistischen Axiomatik interessant – sie bezeugt vor allem, dass der Wahrheitsbegriff dem philosophischen Verständnis von theoretischer Begründung auch dort noch eine Orientierung gibt, wo die erkenntnistheoretischen und ontologischen Perspektiven, die Platon mit seiner Hilfe vorzeichnete, völlig ausgeblendet werden.

Frege

Im 20. Jahrhundert wurde Wahrheit zum zentralen Thema der theoretischen Philosophie. Kaum irgendwo sonst in diesem Bereich, wo Metaphysik, Logik und Erkenntnistheorie zusammentreffen, hat man vergleichbare Energie in die Erkundung von alternativen Ansätzen, in die Ausarbeitung von subtilen Argumenten und vor allem auch in die formale Aufrüstung der Theorien nach mathematischen Standards investiert. Dieses Interesse knüpfte aber nicht an die Auseinandersetzungen der Frühen Neuzeit an, sondern bildete sich zunächst aus anderen Motiven, von einer radikalen Reform der Logik her, aus. Erst dann wurden die neuen Gesichtspunkte, die sich für das Problem der Wahrheit ergaben, in der Theorie der Wissenschaft und in der Erkenntnistheorie geltend gemacht.

Der Anstoß kam im späten 19. Jahrhundert von dem Mathematiker Gottlob Frege (1848–1925). 1879 erschien seine „Begriffsschrift", die die erste zusammenhängende Darstellung von Aussagenkalkül und Quantorenlogik (Prädikatenkalkül erster und zweiter Stufe) enthielt. Von den 1890er-Jahren an profilierte sich in seinen Arbeiten immer deutlicher *Wahrheit* als der Grundbegriff der Logik. Ein später Aufsatz mit dem Titel „Der Gedanke" (1918) beginnt so: „Wie das Wort ‚schön' der Ästhetik und ‚gut' der Ethik, so weist ‚wahr' der Logik die Richtung" (Frege: Gedanke, 30). Die Logik entdeckt die „Gesetze des Wahrseins". Aus dieser fundamentalen Rolle der Wahrheit ergibt sich – so meinte Frege –, dass sie nicht definierbar ist, und zwar vor allem nicht mittels des Begriffes *Übereinstimmung*. Aber das bedeutet keineswegs, dass er nicht sehr pointierte (und teilweise für die gewöhnliche Anschauung befremdliche) Auffassungen von Wahrheit gehabt hätte. Es bedeutet nur, dass das Wesentliche dieser Auffassungen in der Beziehung auf vielschichtige Fragestellungen erfasst werden muss – insbesondere solche, die Bedeutung und Gegenstandsbezug sprachlicher Ausdrücke betreffen, und die Theorie der Zeichen oder Symbole generell. Diese Verbindungen machen auch die Relevanz Freges für jene Theorien aus, die sich von den dreißiger Jahren des 20. Jahrhunderts an auf die *Definition des Wahrheitsbegriffes* konzentrierten.

Frege sah – in bewusster Erinnerung an Leibniz – einen engen Bezug zwischen Logik und Sprachkritik: Ohne Normierung der Zeichen in einer Formelsprache würde die Unzulänglichkeit der gewöhnlichen Sprache immer wieder die Einsicht in die logischen Abhängigkeiten in einem Beweisgang trüben. So stellte er an den Anfang der „Begriffs-schrift" eine Unterscheidung zwischen den zwei Arten von Zeichen, die er verwenden würde: Variable einerseits, und anderseits alle Zeichen mit einer festen („eigenthümlichen") Bedeutung. Die wichtigste allgemeine Anforderung an eine solche Formelsprache ist es jedoch, den Unterschied von Zeichen und Bezeichnetem (auf welchem der Begriff Zeichen letztlich beruht) durchgängig transparent zu halten. Immer wieder kritisierte Frege scharf die Verwechslung von Symbolen mit den von ihnen benannten Inhalten, „ein Fehler, dem man freilich jetzt in mathematischen Schriften, selbst von namhaften Verfassern, sehr oft begegnet" (Frege: FB, 19). Daher das besondere Gewicht des §8 der „Begriffsschrift", wo er an der Beziehung der Inhaltsgleichheit her-vorhebt, dass durch sie erst Namen *als Namen* im Symbolismus thematisch werden. „Während sonst die Zeichen lediglich Vertreter ihres Inhaltes sind" und „nur eine Beziehung ihrer Inhalte zum Ausdruck" bringen (sodass gleichsam durch sie hindurch auf das Bezeichnete gesehen wird) –, so ist es bei der Gleichsetzung der Inhalte zweier Zeichen wesentlich, diese Zeichen selbst in ihrer jeweiligen Besonderheit wahrzunehmen (Frege: BS, 13f.). Darin, dass verschiedene Zeichen denselben Inhalt bezeichnen können, beruht geradezu die Notwendigkeit, die Inhaltsgleichheit unter die logischen Beziehungen aufzunehmen – und, wie es später (1891) in dem Aufsatz „Funktion und Begriff" (Frege: FB, 19) heißen wird: „Die Verschiedenheit der Bezeichnung kann allein nicht hinreichen, eine Verschiedenheit des Bezeichneten zu begründen" (natürlich ist nur jene Verschiedenheit der Zeichen für ein und dasselbe Bezeichnete interessant, die objektiv verschiedenen „Bestimmungsweisen" des Gegenstandes entspricht). Frege war auch, wie eine Bemerkung in der Einleitung zu den „Grundgesetze[n] der Arithmetik" zeigt, die Besonderheit der Situation bewusst, wo es um die Benennung sprachlicher Zeichen selbst geht: Anführungszeichen erlauben ihm, konsequent diejenigen Fälle, wo über das Zeichen etwas gesagt wird, von jenen zu unterscheiden, wo das Zeichen gebraucht wird, um etwas über sein Bezeichnetes zu sagen.

Bei all dieser Vorsicht scheint ihm jedoch die Perspektive einer allgemeinen Symboltheorie fremd gewesen zu sein. Er behandelte das Verhältnis von Zeichen und Bezeichnetem als eine konstante Beziehung (bei wechselnden Relaten), und gab letztlich immer mehr der Versuchung nach, jegliche Beziehung sprachlicher Ausdrücke auf von ihnen unterschiedene Inhalte als Fall dieser Bezeichnungsrelation zu betrachten. Darin liegt der Stoff für Spannungen mit gewissen Grundpositionen seiner logischen Theorie.

Wie Aristoteles (und davor Platon im „Sophistes") hielt Frege die Zusammengesetztheit für die wesentliche Bestimmung des Satzes. Der erste Schritt seiner Neubegründung der Logik aber bestand darin, alle überlieferten Annahmen über die Art dieser Zusammensetzung außer Kraft zu setzen, insbesondere die Unterscheidung von Subjekt und Prädikat, die eine unabdingbare Voraussetzung der Syllogistik des Aristoteles bildete. Stattdessen ging Frege vom Begriff eines beliebigen Inhalts aus, und zog jede mögliche Zerlegung in Betracht, die am Ausdruck dieses Inhalts vorgenommen werden kann – allerdings derart, dass einer der resultierenden Teile konstant gehalten, der andere hingegen als ersetzbar gedacht wird durch alternative Teilausdrücke; diese ergeben dann, mit dem konstanten Teil zusammengefügt, wieder einen Gesamtausdruck desselben Typs wie ursprünglich. Man kann sich Beispiele von der Art „Ludwig raucht" und „Alfred raucht" vorstellen, wo „… raucht" konstant gehalten und „Ludwig" durch „Alfred" (oder einen anderen Namen) ersetzt wird; aber auch Beispiele wie „2 + 2" und „5 + 5", wo „… + …" konstant gehalten, und „2" durch „5" ersetzt wird. Den konstanten Teil einer solchen Zerlegung – der das Gemeinsame der verschiedenen Ersetzungsresultate bildet – nennt Frege *Funktion*, den variablen Teil *Argument*. Das Wesentliche am Funktionsausdruck ist genau diese Allgemeinheit, die man auch so interpretieren kann, dass der Funktionsausdruck, wenn mit ihm etwas bezeichnet werden soll, der Ergänzung bedarf. Er bezeichnet nicht selbstständig, für sich allein genommen – im Gegensatz zu den (austauschbar gedachten) Argumentzeichen, die auch in Isolation immer das Gleiche bezeichnen.

Die Unterscheidung von Funktion und Argument tritt so an die Stelle derjenigen von Subjekt und Prädikat, bloß um eine Abstraktionsstufe höher: Denn wie das Beispiel der Zahlverdopplung zeigt, muss solch ein vollständiger komplexer Ausdruck nicht notwendigerweise ein Satz sein. Vielmehr stellt der Übergang von beliebigen Inhalten zu den im engeren Sinn „beurteilbaren Inhalten" eine spezifische Aufgabe für die Grundlegung der Logik dar. Dabei schied Frege in der „Begriffsschrift" zwei Arten von Inhalt als trivialerweise nicht beurteilbar aus: unzerlegbare Inhalte wie etwa den Ausdruck „Haus" (Frege: BS, 2), und solche Fälle, wo der konstante Teil der Zerlegung nicht eindeutig bestimmt ist (Frege: BS, 64). Seine konstruktiven Überlegungen konzentrierte er auf das Verhältnis von arithmetischen Funktionen (wie im obigen Beispiel die Verdopplung) einerseits und Behauptungssätzen von der Art „Rudolf raucht" anderseits. Schon in der „Begriffsschrift" ist unverkennbar, dass er dabei den Begriff der *Gleichung* als entscheidendes Verbindungsglied ansieht; allerdings wird dort der Gedanke nicht argumentierend, sondern als Festsetzung präsentiert, eben mit der Einführung eines eigenen Symbols für die Inhaltsgleichheit: „[…] dass aber in einem besondern Falle durch zwei Bestimmungsweisen wirklich Dasselbe gegeben werde, ist der Inhalt eines Urtheils" (Frege: BS, 14). Wenn auch die umgekehrte Verallgemeinerung, dass alle Urteile auf einer Gleichheit beruhen, nicht ausgesprochen ist, so wird jedenfalls die Gleichung als Vorbild des beurteilbaren Inhalts hingestellt. Der Aufsatz „Funktion und Begriff" entfaltet denselben Gedanken in einer differenzierteren Form und unter veränderten Voraussetzungen: Frege hat hier den allzu konturlosen Begriff der Inhaltsgleichheit aufgegeben und baut seine Überlegungen von einem engeren Begriff der Gleichheit her auf, wie er „auch in der Arithmetik wirklich gebraucht" wird (rückblickende Bemerkung im Vorwort der „Grundgesetze der Arithmetik": GGA, ix).

Den Ausgangspunkt bildet der Begriff des Funktionswertes (Frege: FB, 22): Wenn ein Funktionsausdruck durch ein Argumentzeichen ergänzt wird, entsteht ein vollständiges Zeichen, das einen Gegenstand bezeichnet. Dieses Bezeichnete ist der *Wert der Funktion* für das entsprechende Argument und kann auch anders (in der Arithmetik etwa durch Zahlzeichen) bezeichnet werden; genau das bringt die Gleichung zum Ausdruck: Sie bestätigt gewissermaßen die Zuordnung des Wertes zur Funktion, indem sie dem Paar von Funktionsausdruck und Argument das Bezeichnete unter einer anderen (im Falle eines einfachen Zahlzeichens: einer privilegierten) Gegebenheitsweise zuordnet (der Ausdruck *einfaches Zahlzeichen* ist natürlich relativ auf ein gegebenes System der Zahldarstellung zu verstehen). Eine solche Zuordnung des Wertes zur Funktion, vorgestellt für alle Argumente der Funktion, nennt Frege – das ist der zweite Schritt – den *Wertverlauf* der Funktion (eine allgemeinere Version des sogenannten *Begriffsumfanges* der traditionellen Logik). Dann können – dritter Schritt – Beziehungen zwischen verschiedenen Funktionen durch Beziehungen ihrer jeweiligen Wertverläufe beschrieben werden. Insbesondere die Identität zweier Wertverläufe ist auf naheliegende Weise dadurch definiert, dass die Funktionen für gleiche Argumente gleiche Werte liefern. An dieser

Stelle des Aufsatzes schreibt Frege als Nächstes zwei Funktionsausdrücke mit der gleichen Variablen „x" an, verbindet sie durch das Gleichheitszeichen und sagt dazu (im Text heißt es ausdrücklich: „Ich spreche das so aus: […]"), dies bedeute die Gleichheit der Wertverläufe der zwei Funktionen. Offensichtlich kompensiert die Betonung des Prosasprachlichen den Mangel eines Symbols für den Wertverlauf (es wird wenige Absätze später definiert) – trotzdem liegt die Präzisierung gegenüber der Begriffsschrift auf der Hand: Das Gleichheitszeichen steht hier in seinem gewöhnlichen arithmetischen Sinn der Identität zweier Gegenstände. Aber – und dies ist Freges entscheidender letzter Schritt – man kann einen solchen Ausdruck auch als die Verallgemeinerung lesen, dass die Gleichheit gilt, egal welches Argument auch immer (für die gleiche Variable auf beiden Seiten) eingesetzt wird. Weil aber die Verallgemeinerung (die Herauslösung eines bestimmten Teiles aus dem komplexen Ausdruck) das Wesen der Funktion ausmacht, so hat man es *in dieser Lesart* nicht mit einer Gleichung, sondern mit einer Funktion zu tun, und es ist nun, im Unterschied zu allem Vorhergehenden, das Gleichheitszeichen ein funktionsbildender Ausdruck.

Darin liegt die Rechtfertigung der lapidaren Bemerkung wenig später, man könne doch zur Bildung von Funktionsausdrücken, neben den gewöhnlichen arithmetischen Zeichen wie + und –, auch noch das Gleichheitszeichen hinzunehmen. Diese Erweiterung bringt die angestrebte Konsequenz in Sicht: „Die sprachliche Form der Gleichungen ist ein Behauptungssatz" (Frege: FB 28) – Neufassung des Zusammenhangs von Gleichung und Urteil aus der „Begriffsschrift". Denn was mag der Wert einer Funktion wie „x + 1 = 3" für ein beliebiges Argument sein? Gewiss keine Zahl; interessant ist hier überhaupt nur der eine Unterschied: dass nämlich stets eine falsche Gleichung resultiert, einzig für das Argument 2 eine richtige. Wenn man sie in Prosasprache fasst, hat man eine wahre Behauptung. Diese Beobachtung veranlasste Frege, als das von „2 + 1 = 3" Bezeichnete *das Wahre* anzusehen – genauer: *den Wahrheitswert „das Wahre"*. Das Wahre ist in dieser Theorie der Gegenstand, der von einem wahren Satz bezeichnet (benannt) wird; ja man muss sofort hinzufügen: der von allen wahren Sätzen benannt wird.

Unabhängig von der Überzeugungskraft dieses Gedankenganges ist klar, dass er der Wahrheit den Stellenwert eines logischen Grundbegriffes verleiht: Sie ist untrennbar mit dem Begriff des beurteilbaren Inhalts verbunden; sie ist (neben dem Falschen) einer der zwei Gegenstände, von denen jeder Behauptungssatz genau einen bezeichnet. Es ist nicht möglich zu wissen, was ein Satz ist (nämlich: welche besondere Art von sprachlichem Ausdruck ein Satz ist), ohne zu wissen, was *das Wahre* ist. Man kann vielleicht daraus schon ein Argument für die Undefinierbarkeit von Wahrheit machen (jeder Satz, der Wahrheit auf andere Begriffe zurückführt, setzt als Satz schon einen Bezug auf Wahrheit voraus); für Frege drückt sich diese Undefinierbarkeit aber auch positiv aus, darin, dass sowieso jeder, der überhaupt Urteile fällt, die beiden Gegenstände *das Wahre* und *das Falsche* anerkennt (Frege: SB, 48). Damit ist gemeint, dass wir *Wahrheit* nicht als einen Ausdruck auffassen sollten, dessen Bedeutung zu klären ist, sondern dass Wahrheit selbst die Bedeutung (das Bezeichnete) eines sprachlichen Ausdrucks (nämlich eines Satzes) ist. Diesen Punkt hat Frege insbesondere in einem Aufsatz mit dem Titel „Über Sinn und Bedeutung" (1892) dahingehend akzentuiert, dass es sich bei der Wahrheit um den Übergang „zum Objektiven" (Frege: SB, 49f.) handelt, und nicht darum, über einen Satz als Gegenstand die Aussage zu treffen, dass er wahr sei – welche Aussage dann ja ihrerseits erst an einer objektiven Wirklichkeit zu überprüfen wäre. Das kann man kurz so ausdrücken, dass Wahrheit nach Freges Ansicht kein Prädikat ist. Auch hier wird – so wie bezüglich der Undefinierbarkeit – die spätere Theoriebildung von ihm abweichen: Alfred Tarskis Aufsatz „Der Wahrheitsbegriff in den formalisierten Sprachen" von 1935 zielt genau darauf, eine Definition des Begriffes „… ist eine wahre Aussage" zu geben. Frege bringt übrigens gegen die Auffassung der Wahrheit als Prädikat auch schon das Argument, dass damit über eine Aussage nie mehr gesagt werden kann, als diese schon an sich sagt, dass also das *Wahrheitsprädikat* redundant sei; er rechnet freilich nicht damit, dass man umgekehrt, wenn man von der Wahrheit als Prädikat *ausgeht*, aus dieser Beobachtung die Folgerung ziehen kann, Wahrheit sei gerade kein fundamentaler Begriff. Als Erster, der diese Überlegung als Schlüssel zum Problem der Wahrheit ansah, wird üblicherweise Frank Ramsey genannt, der 1927 schrieb: „[…] dass es in Wirklichkeit kein eigenständiges Wahrheitsproblem gibt, sondern nur ein sprachliches Durcheinander" (Ramsey: TS, 44).

Es ist nicht schwer zu sehen: Wenn man eine Definition des Prädikates „… ist eine wahre Aussage" anstrebt, wird die Form des Ausdrucks, der in die Leerstelle eintreten kann, eine wesentliche Rolle spielen. Dieser Ausdruck wird jedenfalls der Name eines Behauptungssatzes (einer Aussage eben) sein; wenn die Definition Allgemeinheit beansprucht, sollte man also die allgemeine Form eines Satz-Namens angeben können – beziehungsweise ein Verfahren, vom Namen eines beliebigen Satzes zu diesem Satz selbst zu finden. Tarski hat dies als ein substanzielles Problem erkannt (Tarski: WFS, 456), auf das er mit einer Beschränkung seiner Aufgabenstellung reagierte. In einem gewissen Sinn braucht man sich mit der Einstellung Freges (Wahrheit als bezeichneter Gegenstand) dieser Schwierigkeit nicht zu stellen. Allerdings besteht für ihn ein komplementäres Problem. Es hat seinen Ursprung darin, dass sprachliche Zeichen sich nicht nur hinsichtlich des jeweils von ihnen Bezeichneten unterscheiden können, sondern auch hinsichtlich der „verschiedenen Bestimmungsweisen" dieses Gegenstandes, mit denen sie „zusammenhängen". Darauf war Frege schon in der „Begriffsschrift" aufmerksam, aber erst in den Arbeiten der 1890er-Jahre systematisierte er die Idee in einer Bedeutungstheorie.

Er prägte („Über Sinn und Bedeutung") für die jeweilige Bestimmungsweise des Bezeichneten den Terminus *Sinn*: Der Sinn eines Zeichens ist die Art, wie es die Bestimmbarkeit des von ihm Bezeichneten ausdrückt. Das Bezeichnete selbst wird von da an *Bedeutung* genannt. Bedeutung in diesem technischen Gebrauch ist – und das weicht krass von der gewöhnlichen Redeweise ab – der von einem sprachlichen Ausdruck bezeichnete Gegenstand als solcher. Die Bedeutung des Namens „Aristoteles" ist Aristoteles, der Sinn dieses Namens hingegen besteht aus den mit ihm verbundenen Möglichkeiten, die historische Person Aristoteles zu identifizieren (hier: ein relevanter Ausschnitt aus einem komplexen Überlieferungs- und Bildungswissen); die Bedeutung der Gleichung „2 + 2 = 4" ist der Gegenstand „das Wahre", der Sinn dieser Gleichung ist komplex und schließt jedenfalls den Begriff der Summe ein. Im besonderen Fall von Sätzen nennt Frege deren Sinn den von ihnen ausgedrückten *Gedanken*. Wie er selbst rückblickend im Vorwort zu den „Grundgesetze[n] der Arithmetik" feststellt, wird dadurch im Inneren des Begriffes „beurteilbarer Inhalt" eine Spaltung erzeugt: „Er ist mir nun zerfallen in das, was ich Gedanken, und das, was ich Wahrheitswerth nenne" (Frege: GGA, 10).

Ein isoliert vorgelegtes Zeichen gibt nicht eindeutig den Inhalt preis, der ihm zugeordnet wäre – weil ihm auf der Inhaltsebene zweierlei verbunden ist. Wenn es um Erkenntnis geht, besteht freilich eine Rangordnung: Der Sinn weist den Weg zur Bedeutung. Man muss den von einem Satz ausgedrückten Gedanken erfasst haben, um urteilen zu können, dass er wahr ist. Aber grundsätzlich ist die Frage unausweichlich: Was wurde erfasst, wenn der Sinn erfasst wurde, und wie unterscheidet es sich von dem, was man kennt, wenn man die Bedeutung kennt? Man kann die Frage auch so formulieren: Gibt es eine Art und Weise, wie ein sprachliches Zeichen einen Inhalt präsent machen kann, die nicht unter den Begriff *Bezeichnung* fällt – oder muss der Sinn gleichsam als ein *zweites Bezeichnetes* verstanden werden? An einer Stelle des Aufsatzes „Über Sinn und Bedeutung" scheint Frege für die erste Möglichkeit zu optieren: „Ein Eigenname (Wort, Zeichen, Zeichenverbindung, Ausdruck) drückt aus seinen Sinn, bedeutet oder bezeichnet seine Bedeutung. Wir drücken mit einem Zeichen dessen Sinn aus und bezeichnen mit ihm dessen Bedeutung" (Frege: SB, 46). Neben Bezeichnung wäre dann *Ausdruck* eine selbstständige zweite Dimension für die Inhaltlichkeit sprachlicher Symbole.

Um eine konkretere Vorstellung von diesem semantischen Begriff des Ausdrucks zu bekommen, denkt man am besten an die Unvollständigkeit des Funktionsausdrucks in einem komplexen Zeichen: In Isolation kann er nichts bezeichnen, er ist nur als das Gemeinsame einer Vielzahl von selbstständigen Zeichen fassbar (ein gemeinsamer Zug, der sich in ihnen wiederholt); aber er trägt einen Inhalt. Jedes Zeichen hingegen, das solch einen Ausdruck ergänzt, hat eine selbstständige Bedeutung. Das Mittel zur Festlegung dieser Bedeutung (ebenso wie das Mittel ihrer Klärung im Zweifelsfall) ist der *Sinn des Zeichens*: Und zwar wird der Name genau jenen Gegenstand bezeichnen, der als Argument einen Satz wahr macht, dessen Funktionsausdruck den sinnbildenden Inhalt trägt. Der Sinn eines Namens beruht so auf dem Inhalt eines sprachlichen Ausdrucks, der selbstständig gar nichts bezeichnet, und in einer gewissen Hinsicht geht anderseits die Bedeutung jedes Namens aus der Wahrheit als Satz-Bedeutung hervor; an einer Stelle (Frege: SB, 50) spricht Frege selbst von der Bedeutung eines Wortes als „Teil der Bedeutung des Satzes". Wenn Frege den Ausdruck als semantischen Begriff gegen die Bezeichnung pointiert, um den Unterschied von Sinn und Bedeutung zu erklären, dann steht im Hintergrund also seine Auffassung vom unvollständigen Funktionsausdruck in einem komplexen Zeichen.

Aber mit dieser Sichtweise konkurriert in seinem Denken immer (und letztlich siegreich) die andere, derzufolge es überall, wo ein Zeichen ist, auch ein Bezeichnetes geben muss. Das ist die alternative Deutung des Sinnes als eines *zweiten Bezeichneten* – das natürlich vor der Verwechslung mit jenem Gegenstand geschützt werden muss, der die Bedeutung desselben Ausdrucks ist. Hier liegt die Quelle für Freges Annahme eines „dritten Reiches" (Frege: Gedanke, 43), in dem Gedanken zeitlos wahr und *trägerlos* existieren. Aber das ist nur die metaphysische Weihe für eine Theorie, die in ihrem sprachlogischen Aspekt eine erstaunliche Leistung darstellt: Freges Lehre von der geraden und ungeraden Rede. Mit dieser Theorie wird, abstrakt gesprochen, die Unterscheidung von Sinn und Bedeutung kontextabhängig gemacht. Die zwei Dimensionen, in die der beurteilbare Inhalt zerfallen ist, werden vom Kontext, in dem das Zeichen verwendet wird, in eine bestimmte Ordnung gebracht. Der Satz „Ludwig raucht" hat als Bedeutung einen Wahrheitswert und als Sinn einen Gedanken. Für seine Bedeutung ist die Bedeutung des Namens „Ludwig" ausschlaggebend: Man muss wissen, wen er bezeichnet, um feststellen zu können, ob der Satz wahr ist. Dieselbe Person könnte auch auf eine andere Weise bestimmt werden – das würde zwar am Sinn, aber nicht an der Bedeutung des Satzes etwas ändern. Wenn der ganze Satz im Kontext „Rudolf sagt, dass Ludwig raucht" vorkommt, dann bezeichnen die Worte „Ludwig raucht" aber gar nicht einen Wahrheitswert: Man erkennt das daran, dass die Wahrheit (Bedeutung) des umfassenden Satzes zwar von dem abhängt, was diese Worte bezeichnen, aber nicht davon, ob Ludwig raucht oder nicht. Die Worte haben hier, in Freges Redeweise, ihre *ungerade Bedeutung* – und das ist ihr Sinn. Wenn über den Sinn eines Ausdrucks etwas gesagt wird, dann übernimmt der Sinn die Rolle des Bezeichneten, d. h. er *ist* die Bedeutung. Dieselben Zeichen drücken nun, abhängig vom Kontext ihres Vorkommens, nicht einen Gedanken aus, sondern fungieren als dessen *Eigenname*. Sie benennen diesen Gedanken anstelle des Wahren.

Deshalb kann man sagen, dass Freges *gegenständliche* Auffassung des Wahren in eine Schwierigkeit mündet, die zu jener komplementär ist, die Tarski mit der allgemeinen Form eines Satz-Namens haben wird: Der Satz ist zwar prinzipiell Name eines Wahrheitswertes, aber in einer konkreten Verwendung hängt es vom Kontext ab, ob er das Wahre – oder einen Gedanken benennt. Im Hintergrund steht die Frage, ob – und wenn, nach welchen Regeln – man von einem unvollständigen, nicht-bezeichnenden Ausdruck zu einem selbstständigen Zeichen übergehen kann, das auf einen (wie immer abstrakten) Gegenstand referiert.

Diese Ambiguität umgab schon jene zweifache Deutung einer verallgemeinerten Gleichung (als Funktion und als Identitätsaussage), welche die Weichen zur Präzisierung des beurteilbaren Inhalts (letztlich des Behauptungssatzes als solchen) stellte. Der Begriff des Wertverlaufs (bzw. des Begriffsumfangs oder der Klasse), der davon ausgehend gebildet wird, *verursacht* die Antinomie, auf die Russell Frege in seinem Brief vom 16. Juni 1902 hinweisen sollte. Das Tragische dieser Entdeckung ist selbst aus Freges trockener Bemerkung im Nachwort zum zweiten Band der „Grundgesetze" herauszuhören: „Einem wissenschaftlichen Schriftsteller kann kaum etwas Unerwünschteres begegnen, als dass ihm nach Vollendung einer Arbeit eine der Grundlagen seines Baues erschüttert wird". Doch schon an jener Stelle im Aufsatz über „Funktion und Begriff" kündigt es sich in einem Erstaunen an, das er so registriert: „Dass es nun möglich ist, die Allgemeinheit einer Gleichung zwischen Funktionswerten als eine Gleichung aufzufassen, nämlich als eine Gleichung zwischen Wertverläufen, ist, wie mir scheint, nicht zu beweisen, sondern muss als logisches Grundgesetz angesehen werden" (Frege: FB, 24). Eine leichte Verschiebung der Perspektive macht sichtbar, dass auf dieselbe Uneindeutigkeit auch die semantischen Probleme und Antinomien zurückbezogen werden können, die die unmittelbare Herausforderung für spätere Ansätze zur Definition des Wahrheitsbegriffes darstellen.

Carnap und Frege

Sehr klar wurde dieser Zusammenhang in einem relativ späten, doch inzwischen klassischen Werk dargestellt: Rudolf Carnaps „Meaning and Necessity. A Study in Semantics and Modal Logic" von 1947. Carnaps Bedeutungstheorie ist anders aufgebaut als die Freges: Mithilfe des Konzepts sogenannter *Bedeutungsregeln* wird logische (oder analytische) Wahrheit definiert (dieser Ansatz ist schon in: „Introduction to Semantics" von 1942 dargestellt), und auf deren Basis dann Extensionen und Intensionen für alle Ausdrücke mit einer unabhängigen Bedeutung (Carnap 1947, 6f.): Behauptungssätze, Individuenkonstante, konstante Prädikatsausdrücke etc. Die Extensionen und Intensionen erinnern an Freges „Bedeutungen" und „Sinne", aber man sieht, wie hier der Zusammenhang umgekehrt wird, um Bedeutung von der Wahrheit her zu definieren.

Carnap hat Freges Positionen eingehend analysiert. Er erkannte, dass Schwierigkeiten aus dem Konflikt zweier Denkansätze resultierten: der erst später ausgearbeiteten Theorie von Sinn und Bedeutung einerseits, und einer eigentlich unausgewiesenen Grundannahme in Verbindung mit der notwendigen Unterscheidbarkeit von Zeichen und Bezeichnetem anderseits: dass nämlich jeder sprachliche Ausdruck auf etwas von ihm Verschiedenes referiert, also eine Art von Name ist. Carnap nennt diese These „method of the name-relation". Sie hinderte Frege daran, den (Typen-)Unterschied zwischen Klassen und ihren Elementen systematisch zu erfassen, sie erzeugt zweitens eine Unklarheit bezüglich der Bedeutung von Funktionsausdrücken (Klasse oder Eigenschaft?), und sie beeinträchtigt das Konzept von gerader und ungerader Rede, mit dem unter anderem das Problem der Aussage über einen Gedanken (bzw. der Benennung eines Satzes) gelöst werden sollte: „[…] occurences of the same name may have different nominata – indeed, an infinite number of them; and in certain contexts even the same occurence of a name may have simultaneously several nominata" (Carnap 1947, 137).

Den großen Vorteil seiner eigenen „method of extension and intension" sieht Carnap dementsprechend darin, dass sie kontextunabhängig jedem Ausdruck genau einen Sinn und eine Bedeutung zuzuordnen erlaubt. Carnap zeigte mit dieser Interpretation – aus historischem Abstand –, dass ein einfacher Grundbegriff von *Benennung*, ergänzt um die Auszeichnung von *Wahrheit* als gleichsam logischer Gegenstand schlechthin, eine semantische Theorie nicht trägt. Wer hingegen Wahrheit definieren möchte, wird immer – auch ohne durch anspruchsvolle Vorüberlegungen misstrauisch geworden zu sein – mit der Schwierigkeit rechnen, hinreichend allgemeine definierende Begriffe zu finden, die aus einem Zirkel mit *Wahrheit* herausgehalten werden können.

Verschiedene Faktoren trugen im ersten Drittel des 20. Jahrhunderts dazu bei, den Fragenkomplex der Semantik auf das Ziel einer Definition des Wahrheitsbegriffes zulaufen zu lassen. Eine eigene Rolle spielt die wachsende Bedeutung des axiomatischen Denkens – ursprünglich in der Mathematik, bald auch in abstrakteren (sogenannten metamathematischen und logischen) Theorien, die auf die Klärung von Begriffen wie Beweisbarkeit, Entscheidbarkeit, Widerspruchsfreiheit und Vollständigkeit zielten. An diesem Prozess sind zwei Aspekte relevant. Auch wenn man von allen inhaltlichen Interessen absieht, so verschärft die moderne Axiomatik jedenfalls das Problem von Paradoxien und Antinomien. Sind alle Sätze einer Wissenschaft von den

Axiomen her bestimmt, gefährdet tendenziell jeder Widerspruch die Theorie als Ganze (dies wird umso deutlicher, je sicherer der Begriff der logischen Folge gehandhabt werden kann (vgl. Stegmüller 1968, 12; vorsichtiger Tarski in LC). Das war schon die wesentliche Erfahrung mit Russells Antinomie (der Klasse aller Klassen, die sich nicht selbst als Element enthalten), und gilt natürlich auch für die sogenannten semantischen Antinomien wie etwa die Lügner-Antinomie, die direkt den Wahrheitsbegriff betrifft – die Unterscheidung dieser zwei Gruppen von Antinomien geht auf Frank Ramsey zurück (Ramsey: GM, 145). Von daher kommt der Anstoß zur Begründung der Semantik als einer eigenen Disziplin, die ja in der Tat auch bei Tarski das übergreifende Theorieziel darstellt: In „The Establishment of Scientific Semantics" (Tarski: ESS) fungiert Wahrheit nur als Beispiel, und insbesondere wird die Methode der Wahrheitsdefinition als übertragbar auf andere semantische Begriffe beschrieben.

Aber auch auf eine zweite, indirektere Weise fördert die Axiomatik – und zwar gerade in ihrer formalistischen Ausprägung – die Aufmerksamkeit auf den Wahrheitsbegriff. Frege brachte für den Formalismus David Hilberts wenig Sympathie auf, weil er Axiome als wahre Sätze verstehen und scharf gegen Definitionen abgrenzen wollte (Brief an Hilbert vom 27.12.1899; Frege: BW, 6ff.). Aber die formalistische Einstellung setzte sich durch. Nicht aus der Wahrheit der Axiome folge ihre Widerspruchsfreiheit, sondern umgekehrt: Von Wahrheit der Axiome könne in einem anderen Sinn als ihrer Widerspruchsfreiheit gar nicht gesprochen werden (Hilbert an Frege am 29.12.1899; ebd. 12). Damit ergibt sich allerdings, gleichsam als Kehrseite der Medaille, ein weiteres Motiv, Semantik zu einer selbstständigen Theorie auszubilden, in der vor allem der Begriff der *Interpretation eines formalen Systems* zu klären wäre. In dieser Perspektive sieht man, wogegen das Wort „semantisch" in Tarskis Aufsatztitel von 1944 („Die semantische Konzeption der Wahrheit und die Grundlegung der Semantik") pointiert ist, bzw. wozu es die notwendige Ergänzung verspricht: nämlich eine formalistisch aufgefasste Axiomatik.

Tarski

Alfred Tarskis epochemachender Aufsatz „Der Wahrheitsbegriff in den formalisierten Sprachen" (1935) ist „gänzlich einem einzigen Problem gewidmet, nämlich dem der Definition der Wahrheit" (Tarski: WFS, 448). Er enthält auch tatsächlich eine solche Definition, die freilich – wie der Titel ankündigt – auf gewisse Bedingungen beschränkt ist. Es ist wichtig zu sehen, dass in Tarskis eigener Auffassung seine Definition nicht schon alles ausschöpft, was er *Theorie der Wahrheit* nennt: Man kann sich eine Semantik vorstellen, die vom Wahrheitsbegriff her aufgebaut ist, und dessen Verwendung durch Axiome festlegt (Tarski: WFS, 449); eine solche Theorie wäre allerdings nicht geeignet, dem Begriff der *Interpretation eines Kalküls* eine sachliche Grundlage zu geben (Tarski: ESS, 405). Tarski strebt demgegenüber eine *echte* und zirkelfreie Definition an: „Jedenfalls werde ich mich bei der Konstruktion keines semantischen Begriffes bedienen, wenn es mir nicht vorher gelingt, ihn auf andere Begriffe zurückzuführen" (Tarski: WFS, 448).

Ein entscheidender Schritt ist dabei die Einführung des Begriffes *Metasprache* (Kneale, Kneale 1962, 665); er wird oft auf allzu oberflächliche Weise erklärt – so etwa einmal von Carnap: „If we investigate […] a language L1, we need a language L2 for formulating the results of our investigation of L1 […] In this case we call L1 the object language, L2 the metalanguage" (Carnap 1942, 3f.). Tatsächlich aber stellt der Begriff der Metasprache eine spezifische Reaktion auf ein Hindernis bei der formal korrekten Definition von Wahrheit (oder anderer semantischer Begriffe) dar. Denn dabei ist das Problem nicht so sehr, die richtigen Begriffe für das Definiens auszuzeichnen, sondern dass prinzipiell jede Sprache, die die (semantischen) Begriffe zu ihrer eigenen Interpretation enthält, inkonsistent ist (Tarski: ESS, 402); innerhalb dieses Rahmens sind alle alternativen Begründungsstrategien gleich aussichtslos. Die Aufmerksamkeit auf diesen Umstand bezeichnet Tarski als relativ neu, er schreibt sie dem Mathematiker und Logiker Stanislaw Lesniewski zu. Der Begriff der Metasprache hat also einen direkten Bezug auf das Antinomien-Problem, und entschärft zugleich von vornherein das *fregesche Problem* der Benennung von Sätzen und Funktionsausdrücken.

Wenn man in diesem Sinne sagt, dass das Prädikat „… ist wahr" nur in einer Metasprache definiert werden kann, in welcher damit

Aussagen über die Aussagen einer anderen Sprache (der Objektsprache) getroffen werden – so ergibt sich schon daraus, dass die untersuchte Sprache nicht die Umgangssprache sein wird, die ja durch ihren *Universalismus* charakterisiert ist: dadurch, dass alles, was in einer anderen Sprache über ihre Ausdrücke gesagt würde, auch wieder in sie selbst aufgenommen werden kann (Tarski: WFS, 457). Aber natürlich lässt sich auch umgekehrt von einer konkreten, in der Umgangssprache auftretenden Paradoxie aus die Unterscheidung von Objekt- und Metasprache plausibel machen. Tarski führt ein solches Argument vor, an dessen Anfang er eine Verständigung darüber stellt, was eigentlich definiert wird, wenn man *Wahrheit* definiert – eine Verständigung also über jenen vagen Sinn des Wahrheitsbegriffes, der präzisiert werden soll. Er sieht *Übereinstimmung mit der Wirklichkeit* als den Kerngehalt dieser Intuitionen an; wenn man zusätzlich annimmt, dass als Träger der Wahrheit (als Subjekt einer „… ist wahr"-Aussage) nur Aussagen in Frage kommen, lässt sich so etwas wie die Form einer Wahrheitsdefinition angeben: „x ist eine wahre Aussage dann und nur dann, wenn p". Dieser Ausdruck ist kein Satz, weil er freie Argumentstellen enthält; setzt man aber für p irgendeine Aussage, und für x einen Namen derselben Aussage (eventuell durch Anführungszeichen gebildet) ein, so ergeben sich Sätze von der Art: „‚es schneit' ist wahr dann und nur dann, wenn es schneit". Solch ein Ausdruck kann als eine Teildefinition von Wahrheit angesehen werden: Wahrheitsdefinition für diesen bestimmten Satz. Wird als p aber eine Aussage vom Typ „Ich lüge" oder „Dieser Satz ist nicht wahr" genommen, so resultiert die Lügner-Paradoxie (die Paradoxie des Kreters, der sagt: „Alle Kreter lügen"): Man landet – bei sorgfältiger Darstellung – früher oder später bei dem Resultat, dass ein gewisser Satz q dann und nur dann eine wahre Aussage ist, wenn q keine wahre Aussage ist (Tarski: WFS, 452). Der *Auslöser* ist der Umstand, dass die Aussage p (eventuell implizit) schon den Ausdruck „… ist wahr" enthält – was eben durch die Konzeption der Metasprache unterbunden werden kann.

Daher die Einschränkung des Definitionsansatzes auf formalisierte Sprachen: Das sind Sprachen, für die man gewisse Grundzeichen vollständig angeben kann, ebenso wie die Regeln, nach denen alle anderen Ausdrücke aus ihnen gebildet werden; in denen ferner gewisse Sätze als Axiome ausgezeichnet werden, aus denen nach gewissen Schlussregeln andere Sätze gewonnen (bewiesen) werden. Wenn eine solche Sprache nur endlich viele Sätze enthält, kann für sie in der Metasprache eine allgemeine Wahrheitsdefinition durch eine Disjunktion aller Teildefinitionen gegeben werden (Tarski: WFS, 477). Das wäre freilich eine unrealistische Einschränkung, die noch dazu Zweifel am Sinn des Unternehmens überhaupt erwecken könnte: Für eine solche Sprache braucht man genau genommen gar kein Wahrheitsprädikat, weil mit einer Aussage der Form „p ist wahr" sowieso nie etwas anderes gesagt werden kann, als mit p. Dass ein bestimmter Satz bzw. eine Menge von Sätzen wahr sei, ist jedoch dann eine nützliche Aussage, wenn der Satz oder die Menge nicht aktuell präsentiert werden kann: weil es sich um eine unendliche Menge oder um eine Verallgemeinerung handelt. Um zu einer Definition für diese interessanteren Fälle zu kommen, bietet sich ein induktives (rekursives) Verfahren an: In der Objektsprache – Tarskis Beispiel ist der Klassenkalkül der Logik – würde Wahrheit für gewisse elementare Sätze definiert und dann gezeigt, wie allen komplexeren Sätzen ein Wahrheitswert auf der Grundlage der Wahrheit oder Falschheit ihrer elementaren Bestandteile zugeordnet werden kann. Das scheitert aber daran, dass keineswegs alle komplexen Aussagen „Verbindungen einfacherer Aussagen sind" (Tarski: WFS, 478); z. B. können generelle Existenzaussagen („Es gibt ein …") nicht immer auf eine Menge von variablefreien elementaren Aussagen zurückgeführt werden, weil nicht garantiert ist, dass es in der Sprache für alle Gegenstände Namen gibt. Tarski schlug daher einen Umweg ein, und ließ sein Rekursionsverfahren statt bei elementaren Aussagen bei Aussagefunktionen (den fregeschen Funktionsausdrücken) beginnen. Aussagefunktionen haben natürlich, im Gegensatz zu vollständigen Aussagen (Behauptungssätzen), keinen Wahrheitswert; aber es kann für sie der Begriff der *Erfüllung* rekursiv definiert werden, der die Zuordnung eines Gegenstandes als Wert zu einer Funktion ausdrückt (im Allgemeinen muss statt mit Gegenständen mit Folgen von Gegenständen oder Klassen gerechnet werden). Wenn man dann, nachdem diese Definition gegeben wurde, eine Aussage als Aussagefunktion ohne freie Variable versteht, mündet der Umweg wieder in die Definition von Wahrheit – eine Aussage ist dann und nur dann wahr, wenn sie von jeder unendlichen Folge von Gegenständen (im Beispiel: von Klassen) erfüllt wird (Tarski: WFS, 482).

Das *ist* eine Definition von Wahrheit – wenn auch mit der Einschränkung ihrer Anwendbarkeit auf formalisierte Sprachen – und sie ist ein fester Referenzpunkt für jegliche theoretische Auseinandersetzung mit dem Wahrheitsbegriff geblieben. Nicht zuletzt liegt ihre

Attraktion darin, dass sie eine Grundlage für den Aufbau einer allgemeinen Bedeutungstheorie in Aussicht stellt. Trotzdem muss man, um ihr historisches Gewicht richtig einzuschätzen, kritische Punkte im Auge behalten. So können natürlich – erstens – Einwände gegen das Zentrum des Gedankens gerichtet werden, also die zirkelfreie Rückführung der Wahrheit auf nicht-semantische Begriffe, und hier insbesondere die rekursive Definition von *Erfüllung*. Eine Kritik dieser Art formulierte der amerikanische Philosoph Hartry Field in „Tarski's Theory of Truth" (Field 2001, 8ff.); er konzentrierte sich auf die Rolle von Begriffen wie *Bezeichnung* (*denotation*), die schon bei der Beschreibung des rekursiven Verfahrens für *Erfüllung* verwendet werden: Da *Bezeichnung* in diesem Zusammenhang kein semantischer Begriff sein darf, muss sie als *Übersetzung* der objektsprachlichen Zeichen in die Metasprache gefasst werden – wodurch freilich die Frage nach der *adäquaten Übersetzung* als ein neues Feld der Kontroverse geöffnet wird.

Ein zweiter wichtiger Punkt betrifft die Einschränkung auf formalisierte Sprachen. Tarski selbst stellte in seinem Aufsatz klar, dass es sich hier nicht nur um die grundsätzlich Unterscheidung von der Umgangssprache handelt. Auch in einer formalisierten Sprache kann *Erfüllung* nicht rekursiv definiert werden (und also auch Wahrheit nicht definiert werden), wenn diese Sprache Variable von unendlich vielen verschiedenen Typen enthält (Tarski: WFS, 518ff.). Das bedeutet zwar nicht, dass nicht auch in solch einer Sprache ein Wahrheitsprädikat (durch entsprechende Axiome) eingeführt werden könnte, aber es bedeutet doch, dass die Wahrheitsdefinition im Stile Tarskis nicht für alle formalisierten Sprachen gegeben werden kann. Immer wieder (z. B. Davidson 2005, 148) wird als Einschränkung von Tarskis Resultat auch der Umstand angeführt, dass er Wahrheit letztlich nur für jeweils eine bestimmte formalisierte Sprache definiere – und es sich daher um verschiedene Wahrheitsbegriffe handle, deren Gemeinsames nicht dargestellt sei; dieser Gedanke müsste freilich abgewogen werden gegen die von Tarski betonte *Allgemeinheit der Methode* seiner Definition, die jedenfalls vorgibt, auf welche Weise auch für formalisierte Sprachen *im Allgemeinen* ein Prädikat „… ist eine wahre Aussage" definiert werden kann.

Besonders nahe liegen, drittens, Fragen in Richtung auf den Nutzen der Definition für Sprachen, in denen die Voraussetzung nicht erfüllt ist, dass der Sinn jedes Ausdrucks eindeutig feststeht. Scott Soames

betonte, dass gerade unter diesem Gesichtspunkt die von Tarski ange-
wandte Definitionsmethode interessant ist: die Art, wie die Wahrheit
eines Satzes mit den semantischen Eigenschaften derjenigen sprachlichen Ausdrücke zusammenhängt, aus denen er aufgebaut ist (Soames
1998, 100f.) Darin liegt auch die wesentliche – von Tarski ausgehende –
Inspiration für Donald Davidsons Projekt einer Bedeutungstheorie,
wie sie schon in einem frühen Aufsatz mit dem Titel „Theories of
Meaning and Learnable Languages" zum Ausdruck kommt (Davidson
TMLL, 8). Diese Theorie kann als eine Art *gegensinnige Verwertung*
von Tarskis Wahrheitsdefinition verstanden werden. Ihr allgemeinstes
Ziel – als Bedeutungstheorie – ist es, für jeden Satz einer Objektsprache einen weiteren Satz zu finden, der die Bedeutung des ersten Satzes
angibt (Davidson: TM, 22ff.). Das Problem besteht darin, die Beziehung zwischen diesen beiden Sätzen auf formale Weise zu spezifizieren.
Wenn man nun davon ausgeht, dass für die Objektsprache ein Wahrheitsprädikat im Sinne Tarskis bereits definiert ist, dann kann man das,
was bei Tarski das unvollständige Schema dieser Wahrheitsdefinition
war, als Test für Bedeutungsgleichheit verwenden. Wenn jemand nach
der Bedeutung des Satzes „x" sucht, dann wird sie ihr oder ihm durch
den Satz „x ist wahr dann und nur dann, wenn p" geliefert – vorausgesetzt eben, dass sie oder er das Prädikat „... ist wahr" versteht. Wie
Davidson bemerkt, ist es dafür nicht einmal notwendig, dass das von
Tarski definierte Prädikat auch tatsächlich *Wahrheit* (im Sinne eines
philosophisch relevanten Begriffes) definiert: „It is a misfortune that
dust from futile and confused battles over these questions has preven-
ted those with a theoretical interest in language [...] from seeing in the
semantical concept of truth (under whatever name) the sophisticated
and powerful foundation of a competent theory of meaning" (Davidson: TM, 24).

Hier steht also der Begriff der Wahrheit selbst nicht mehr im Zentrum des Interesses – und damit natürlich auch nicht das für Tarski
motivierende Problem der Paradoxien. Davidson sagte (Davidson:
TM, 28) einmal lakonisch, er fände es fein, dafür eine Lösung zu
haben, wolle sich aber anderseits bei seiner eigenen Theoriebildung
nicht davon aufhalten lassen, wenn diese lästige Sache nicht bereinigt
sei. Eine Wahrheitstheorie für nicht-formalisierte Sprachen muss das
Problem der Antinomien also auf prinzipiell andere Art behandeln.
Die wichtigsten Perspektiven dazu sind in Bedeutungstheorien ausge-
bildet worden, die Sätze (oder Gedanken, *propositions*) ohne bestimm-

ten Wahrheitswert zulassen. In weiterer historischer Perspektive finden sich dafür Ansätze schon bei Frege. In direktem Zusammenhang
mit Tarski wird diese Strategie von Hilary Putnam 1960 in dem Aufsatz
„Do True Assertions Correspond to Reality?" erwogen (Putnam 1975,
72). Ein anderer wichtiger Anstoß kam von Saul Kripke (Kripke 1975),
er wird ausführlich bei Scott Soames gewürdigt, der auch selbst einen
alternativen Vorschlag ausgearbeitet hat (Soames 1998).

5

Wahrheit, Deutung, Dichtung: Nietzsche, Heidegger

In diesem letzten Kapitel werden zwei Versuche besprochen, das Denken über Wahrheit in Bahnen zu lenken, die von den wesentlichsten Voraussetzungen abzweigen, die in der klassischen Antike festgelegt worden waren. Friedrich Nietzsche attackierte die platonische Verknüpfung von Sein, Wahrheit und Wissen, indem er bewusst sophistische Motive wiederaufnahm und zu einer Lehre von der Wahrheit als Irrtum radikalisierte. Methodisch band er diese Reflexionen in eine „Genealogie der Moral" ein – womit Wahrheit jedenfalls nicht mehr durch ihre privilegierte Stellung in der theoretischen Philosophie bestimmbar war. In der Folge wurde auch umgekehrt fraglich, inwiefern Philosophie überhaupt als Theorie zu verstehen sei, und auf welche Weise rivalisierende Überzeugungsstrategien und Ansprüche auf Wissen durch sie eine systematische Ordnung oder gar Begründung finden.

Martin Heidegger versuchte zunächst in einer kritischen – und eigenwilligen – Aristoteles-Interpretation, Wahrheit auf einer Ebene verständlich zu machen, die gleichsam unterhalb der Aussage liegt; die besondere Bedeutung, die Wahrheit in der Logik der Sprache hat (und die in Gesetzen wie dem Satz vom Widerspruch zum Ausdruck kommt), erscheint dann als spezielle Form auf der Grundlage jener vor-prädikativen Offenheit oder Erschlossenheit der Welt. Später entwickelte Heidegger aber vor allem Gedanken zu einer Auffassung der Wahrheit vom Kunstwerk her – zu einer poetologischen Auffassung, könnte man sagen, im Gegensatz zu logischen, ontologischen oder epistemischen Theorien der Wahrheit.

Nietzsche

Die modernen Wahrheitstheorien bildeten sich also, vom späten 19. Jahrhundert an, aus Motiven und auf Wegen, die von den Auseinandersetzungen der Frühen Neuzeit her – der Situation Galileis etwa – nicht zu antizipieren gewesen wären. Das bedeutet aber nicht, dass jene Konflikte keine weitere Geschichte gehabt hätten: Die Aufklärung des 18. Jahrhunderts stellte für eine im Wesen kritische Wissenschaft durchaus den Anspruch auf Wahrheit – mit erhöhtem Pathos, wie das Phänomen des Newton-Kultes zeigt (vgl. insbesondere zu Voltaire: Borzeszkowski und Wagner, 1980); der Erfolg der mathematischen Naturwissenschaft verlieh jedem Wissen, das sich ihrer Methode anglich, einen *Wahrheitsbonus*. Und vor allem stand nun diese Wissenschaft der Kirche gegenüber wie eine Institution der anderen: verankert in nationalen wissenschaftlichen Gesellschaften und Universitäten – mehr und mehr auch in den Lehrplänen der Schulen. Das 19. Jahrhundert entfesselte die ökonomische und politische Dynamik, die das Ineinandergreifen von Technik und Wissenschaft seit der Renaissance aufgebaut hatte; die Entstehung neuer Wissenschaften vom Menschen – von der Religionswissenschaft über die Soziologie und Psychiatrie bis hin zu der Anthropometrie eines Alphonse Bertillon – brachte auch neue *theoretische Orte* auf den Plan, von denen aus Wahrheiten verkündet, in Frage gestellt und gegeneinander relativiert werden konnten. Die mehrschichtige Durchdringung von Wahrheits-, Erfolgs- und Überzeugungsansprüchen, die die Kopernikus-Rezeption so faszinierend macht, hatte sich also nicht aufgelöst, sondern war unendlich viel komplexer geworden. Vor diesem Hintergrund muss man die Ambition Friedrich Nietzsches sehen, das Verhältnis von christlichem Glauben einerseits und Wissenschaft anderseits zur Wahrheit noch einmal neu zu denken. Er hatte damit freilich anderes im Sinn, als die Abwägung verschiedener Konzeptionen von Wahrheit oder den Entwurf einer besonders raffinierten, fundamentaleren Theorie. Ihm ging es um Kritik an der Wahrheit als solcher, und insbesondere um die Befreiung seines Denkens aus der Verbindung von Wahrheit und Wissen, die seit Platon Philosophie definierte. Nietzsche war zu der Einsicht gekommen, dass die Wahrheit ein Irrtum sei.

„Wahrheit ist die Art von Irrtum, ohne welche eine bestimmte Art von lebendigen Wesen nicht leben könnte" (Nietzsche: XI, 506). Natürlich darf der Satz ganz einfach so gelesen werden, dass unter Bedingungen ausweglosen Irrens eben diejenigen Irrtümer, die sich als arterhaltend nützlich erweisen, mit dem Titel *Wahrheit* ausgezeichnet werden (das ergibt so etwas wie eine Nominaldefinition von Wahrheit als *brauchbarer Irrtum*). Schließlich setzt Nietzsche ja auch fort: „Der Wert für das Leben entscheidet zuletzt". Aber ohne weitere Qualifikationen ist eine solche Deutung letztlich nicht aufrechtzuerhalten. Denn Nietzsche war der Auffassung, dass der Irrtum grundsätzlich und immer von Übel sei: „Die Irrtümer sind das, was die Menschheit am kostspieligsten zu bezahlen hat [...]" (XIII, 461). Und keineswegs meinte er, die Wahrheit sei da noch der zuträglichste Irrtum; im Gegenteil, sie ist der schädlichste von allen: „Wofür hat folglich die Menschheit bisher am meisten gezahlt, am schlimmsten gebüßt? Für ihre ‚Wahrheiten': denn dieselben waren allesamt Irrtümer in physiologicis [...]" (XIII, 504). Wir irren nicht im Verfehlen der Wahrheit, sondern wir irren in der Wahrheit. Wahrheit führt aus dem Irrtum und der Unwissenheit nicht hinaus, sondern nur Aufklärung und Erkennen: „Der Irrtum und die Unwissenheit sind verhängnisvoll. Die Behauptung, dass die Wahrheit da sei und dass es ein Ende habe mit der Unwissenheit und dem Irrtum, ist eine der größten Verführungen, die es gibt. Gesetzt, sie wird geglaubt, so ist damit der Wille zur Prüfung, Forschung, Vorsicht, Versuchung, lahmgelegt: er kann selbst als frevelhaft, nämlich als Zweifel an der Wahrheit gelten [...] Die ‚Wahrheit' ist folglich verhängnisvoller als der Irrtum und die Unwissenheit, weil sie die Kräfte unterbindet, mit denen an der Aufklärung und Erkenntnis gearbeitet wird" (XIII, 440).

Nietzsche stellte zwischen den Begriffen des Irrtums und der Wahrheit eine neue Konstellation her: Er trennte das Wissen von der Wahrheit und den Irrtum von der Unwahrheit: Denn im Vergleich womit – welcher Instanz gegenüber – ist der Irrtum Irrtum, ist er eine Verfehlung? Man kann nicht sagen: Der Wahrheit gegenüber – weil die Wahrheit Irrtum *ist*; man kann aber auch nicht ohne Weiters sagen: dem Leben gegenüber – denn es sind ja auch die Wahrheiten, *für die* das Leben entscheidet, Irrtümer. Nietzsches Satz von der Wahrheit als der „Art von Irrtum, ohne welche eine bestimmte Art von lebendigen Wesen nicht leben könnte" ist überhaupt keine allgemeine Aussage, vor allem nicht ein generelles Bekenntnis zum Pragmatismus: Er ist eine diagnostische Aussage über eine spezifische, innerlich widersprüchliche Form des Lebens. Doch worin besteht das Besondere dieser Lebensform – worin unterscheidet sich die Wahrheit von anderen

Irrtümern? Das Wissen, das hier gefragt ist, schöpfte Nietzsche nicht aus anthropologischer Forschung oder einer philosophischen Theorie, sondern aus einer Art von Überlegung, die er *genealogisch* nannte.

Er betrachtete die Wahrheit nicht als etwas Selbstständiges, dem das Erkennen gleichsam nacheilen müsste, sondern – umgekehrt – ausschließlich als Resultat eines konkreten Denkens und Willens: Wahrheit gleichsam als das Zeichen, das ein bestimmtes Denken sich setzt. Den eigentlichen Gegenstand seiner Kritik bildet daher jener Wille, der die Wahrheit erzeugt, und deshalb ist auch die Genealogie der Wahrheit von Anfang an eine Genealogie der Moral. Sie geht von der strategischen Bedeutung aus, die Wahrheit jetzt und für uns hat: in ihrer Gegenüberstellung zum Glauben, zum Schein – zum christlichen Weltbild. Und da ist es eben die Wissenschaft, die verspricht, Täuschung, Lüge und blinde Traditionen zu überwinden. Tatsächlich aber, meint Nietzsche, bereitet die Wissenschaft unter der Parole der Wahrheit gar nicht die Liquidation dieser ihrer *Gegner* vor, sondern macht sich zu deren Vollzugsorgan.

Zwar rühmt sie sich zu zeigen, dass die christliche *Denunziation des Diesseits* als eitel und schuldhaft völlig bodenlos ist – aber sie gibt nicht zurück, was der Menschheit damit genommen worden war: Wirklichkeit und Selbstbewusstsein des irdischen Lebens. Stattdessen verkündet sie erst recht wieder, dass die Menschen alle ihre Lebensäußerungen an einer ihnen selbst entzogenen Wahrheit zu kontrollieren hätten: ihre unordentliche, von Mythologemen durchzogene Rede an einem Ideal wissenschaftlicher Sprache; ihre Begierden an einer rationalen Ordnung von Zwecken; ihre sinnliche Erfahrung an den wissenschaftlich erforschbaren Ursachen von Empfindungen etc. Die erste Feststellung Nietzsches über die Wahrheit lautet also: Als wissenschaftliche Wahrheit verfehlt sie das Leben. In ihr ist genau die Intention am Werk, die sie abzuweisen vorgibt, ein Wille zur Verneinung des Lebens.

Konsequenterweise richtet sich deshalb die genealogische Reflexion auf das moralische Ideal des Christentums selbst, in dem jener Wille ursprünglicher artikuliert ist. Nietzsche sieht den Sinn des christlichen Transzendenzglaubens darin, dass von jedem verlangt wird, etwas als Wert anzuerkennen, was er selbst nicht gesetzt hat und nicht einmal gesetzt haben könnte; ja dass sogar verlangt wird, nur das Nicht-selbst-Gesetzte als Wert anzuerkennen. Wessen Interesse aber ist es, fragt Nietzsche, als höchsten Wert gerade den anzupreisen, dass Werte nicht gesetzt werden können? Nur die können sich davon einen Nutzen versprechen, die selbst nicht imstande sind, Werte zu setzen: Transzendenz ist der Wert, den *die Schwachen* geprägt haben, und zwar zuerst als Moral, dann in der Form einer *Wahrheitsmethodik.* Natürlich kommt in dieser Setzung ebenso ein Machtwille zum Ausdruck, wie in jeder anderen – und auch ihr Erfolg wurde nicht mit weniger Blut und Grausamkeit erkauft, nachdem einmal „die Rache unter dem Namen der Gerechtigkeit geheiligt war" (V, 309f.). „Die Methodik der Wahrheit ist nicht aus Motiven der Wahrheit gefunden worden, sondern aus Motiven der Macht, des Überlegen-sein-Wollens" (XIII, 446). Was diesen Willen von jedem anderen unterscheidet, ist seine ausschließlich destruktive Richtung: die Vernichtung wertsetzender Kraft.

Darin liegt für Nietzsche das schwerwiegend Falsche der Wahrheit. Denn sie ist lügnerisch auch in einem einfacheren Sinn: Den Wert der Transzendenz erschafft ein Wille zur Macht, der selbst gerade das nicht ist, was er als Norm hinstellt. Aber dieser Verstoß gegen die Wahrhaftigkeit ist nicht der Angriffspunkt von Nietzsches Kritik, sondern der Verstoß gegen das Leben.

Allerdings meinte er, dass die *Transzendenz als Wert* nicht eine Erfindung des Christentums sei, sondern dass dafür schon in der klassischen griechischen Philosophie der Boden bereitet worden war: „Der Kampf gegen den ‚alten Glauben‘, wie ihn Epikur unternahm, war, im strengen Sinne, der Kampf gegen das prä-existente Christentum, – der Kampf gegen die bereits verdüsterte, vermoralisierte, mit Schuldgefühlen durchsäuerte, alt und krank gewordene alte Welt. – Nicht die Sittenverderbnis des Altertums, sondern gerade seine Vermoralisierung ist die Voraussetzung, unter der allein das Christentum über dasselbe Herr werden konnte. Der Moral-Fanatismus (kurz: Plato) hat das Heldentum zerstört, indem er seine Werte umwertete und seiner Unschuld Gift zu trinken gab. – Wir sollten endlich begreifen, dass, was da zerstört wurde, das Höhere war, im Vergleich mit dem was Herr wurde!" (XIII, 486f.).

In der antiken Philosophie setzt mit Sokrates und Platon ein Verfall ein: „Die eigentlichen Philosophen der Griechen sind die vor Sokrates" (XIII, 278). Diesen Moment des Umschlags der heroischen „griechischen Instinkte" (XIII, 293) in Dekadenz versucht Nietzsche in der Konfrontation zwischen Sokrates („Moment der tiefsten Perversität in der Geschichte der Menschen": XIII, 289) und den Sophisten gleichsam noch einmal in seine beweglichen Elemente auseinanderzufalten und als lebendigen Augenblick zu aktualisieren. Sein Ehrgeiz scheint es zu sein, zugunsten des Gorgias das zuwege zu bringen, was dieser in seiner Rede für Helena leisten wollte: Noch einmal einen stärkeren *logos* aufzubieten gegen eine Verurteilung, die in der Geschichte unerschütterlich, sozusagen zur Denkvoraussetzung geworden war. Ganz im Geist der Sophisten konzentriert sich Nietzsche auf die konkreten Faktoren, die im Spiel gewesen sein müssen: „Ich suche zu begreifen, aus welchen partiellen und idiosynkratischen Zuständen das sokratische Problem abzuleiten ist: seine Gleichsetzung von Vernunft = Tugend = Glück. Mit diesem Absurdum von Identitätslehre hat er bezaubert: die antike Philosophie kam nicht wieder los [...]" (XIII, 269). Was diese „bezaubernde Identitätslehre" ermöglichte, analysierte Nietzsche als eine Operation der Sublimierung: Die moralischen Urteile und Begriffe (des Guten, des Gerechten) „werden losgemacht von den Voraussetzungen, zu denen sie gehören, und als frei gewordne ‚Ideen' Gegenstände der Dialektik. Man sucht hinter ihnen eine Wahrheit [...] man erdichtet eine Welt, wo sie zu Hause sind, wo sie herkommen" (XIII, 288f.). Das ist die ursprüngliche Kreation der Wahrheit als Jenseitigkeit, als Transzendenz: die Wahrheit als Abweichung und Lüge.

Dieser Umschlag in die Dekadenz kann weder der Moral, noch der Wissenschaft als solcher angelastet werden. Nach Nietzsches Diagnose benützt Platon die Wahrheit, um seine Sublimation der Moralbegriffe *gegen die Wissenschaft* durchzusetzen: „Im Grunde ist die Moral gegen die Wissenschaft feindlich gesinnt [...]" (XI, 553f.). Die Wissenschaft der „eigentlichen Philosophen der Griechen" zeichnete ein Pathos der Objektivität und ein Streben nach Nützlichkeit aus – als „Sokrates die Krankheit des Moralisierens in die Wissenschaft eingeschleppt hatte" ging „es geschwinde mit der Wissenschaft abwärts" (ebd.): Das Wissen war ab nun der Wahrheit unterworfen.

Die wichtigste Maxime in Nietzsches genealogischem Verfahren ist es, Werte und Begriffe strikt als Resultate eines konkreten Denkens anzusehen. Wahrheit ist keine selbstständige Instanz, die in einer Theorie mehr oder weniger gut verstanden oder in einem strategischen Spiel mehr oder weniger effektiv *verschoben* werden könnte: die etwa bei Platon unter dem Druck der Moral dem Wissen aufgepfropft würde. Diese Ausdrucksweise könnte nahelegen, dass unabhängig noch ein anderer, ein privilegierter Zugang offenstünde zu dem, *was* da manipuliert oder verstanden wird. Wahrheit jedoch – und das betrifft ebenso die Begriffe des Guten, des Wissens, des Objektiven – ist nur das Resultat eines Willens zur Angleichung, zur Verschiebung, zur Abweichung im Denken selbst und sonst nichts. Die philosophische Auseinandersetzung mit einem solchen Begriff kann einzig darin bestehen, in einer gegebenen Konstellation von Interessen und Kräften zusätzliche Kräfte zur Geltung zu bringen, bereits wirksame Kräfte umzuleiten und die ausgehöhlten Monumente erschöpfter Kräfte aus dem Weg zu räumen. In diesem Sinn registriert Nietzsche: „Ich sehe mit Erstaunen, dass die Wissenschaft sich heute resigniert, auf die scheinbare Welt angewiesen zu sein: eine wahre Welt – sie mag sein, wie sie will –, gewiss haben wir kein Organ der Erkenntnis für sie" (XIII, 280). In dem späten Text „Wie die ‚wahre Welt' endlich zur Fabel wurde" (1889) vereinnahmt er diese Beobachtung gleichsam als ultimatives Erfolgserlebnis: „Die ‚wahre Welt' – eine Idee, die zu Nichts mehr nütz ist, nicht einmal mehr verpflichtend, – eine unnütz, eine überflüssig gewordene Idee, folglich eine widerlegte Idee: schaffen wir sie ab!" (VI, 81). Eben deshalb, weil er an diesem Punkt seine Geltung verlieren kann, ist der Satz von der Wahrheit als arterhaltendem Irrtum nie etwas anderes gewesen als eine konkrete, diagnostische Aussage.

Nietzsche schrieb einmal: „Die scheinbare Welt und die erlogene Welt – ist der Gegensatz: letztere hieß bisher die ‚wahre Welt'" (XIII, 319). Aber nicht dass sie erlogen war, sondern dass die Lüge zu nichts mehr nütze ist, ermöglicht die Liquidation der „wahren Welt". Unmittelbar nachdem er diese Abschaffung vorgeschlagen hat, fragt sich Nietzsche: „[...] welche Welt blieb übrig? die scheinbare vielleicht? [...] Aber nein! Mit der wahren Welt haben wir auch die scheinbare abgeschafft" (VI, 81).

Über dieses Mitverschwinden der scheinbaren Welt hat er immer wieder zweifelnd nachgedacht. Einerseits ist die scheinbare Welt tatsächlich nichts anderes als der Korrelatbegriff zur wahren Welt, und wird mit dieser gleichsam von selbst verschwinden; andererseits bezeichnet innerhalb des Gegensatzes der Ausdruck scheinbare Welt gerade die nicht-erlogene Realität, in der sich alle relative Berechenbarkeit und Nützlichkeit der Arbeit „praktischer Instinkte" verdankt (XIII, 271), und insofern würde die scheinbare Welt durch den Untergang der wahren eher befreit als mitabgeschafft. Aus diesem zweiten Gesichtspunkt spricht Nietzsche von ihr auch als einer „Relationswelt", die nicht als „Welt an sich" existiert, sondern deren Sein „essentiell an jedem Punkt anders" ist (ebd.). Dadurch wird deutlich, dass das Charakteristikum des Korrelatbegriffes scheinbare Welt die Einheitlichkeit ist: als bloßer Gegensatz der einen wahren Welt ist sie in sich vollkommen undifferenziert. Alles, was nicht wahr ist, ist bloßer Schein. Was aber würde es bedeuten, sie *nicht* aus diesem Gegensatz heraus zu denken? Wenn nicht als Korrelat der wahren Welt, so kann sie doch noch viel weniger als deren Nachfolgerin, gleichsam als die *wahre wahre Welt* im Unterschied zu der *erlogenen wahren Welt* verstanden werden. Also auch nach Abschaffung der *wahren Welt*, und außerhalb des Gegensatzes, behält diese „Welt, die wir sind" (XIII, 281) etwas von dem Inhalt des Wortes *scheinbar*: nirgends auf ein Sein festlegbar zu sein.

Der Begriff, mit dem Nietzsche diesem Gedanken Rechnung trägt, und den er an die Stelle von *Wahrheit* zu setzen versucht, ist *Deutung*: Deutung ist das nicht gehemmte „Wollen, wie es im Wesen der Philosophie liegt" (XII, 359). Für die Deutung gibt es nicht, wie für den Willen zur Wahrheit, einen Maßstab der Adäquatheit, sondern nur ein Maß der erfolgreichen Formung: „Einen Sinn hineinlegen – diese Aufgabe bleibt unbedingt immer noch übrig […] Die noch höhere Stufe ist ein Zielsetzen und daraufhin das Tatsächliche einformen […]" (ebd.). Nietzsche spricht von der unendlichen Ausdeutbarkeit der Welt: „jede Ausdeutung ein Symptom des Wachstums oder des Untergehens" (XII, 120).

Die scheinbare Welt in diesem Sinn (nicht mehr von einem Gegensatz zur wahren Welt abhängig) ist eine Welt der Setzungen und nicht des Seins; dann ist freilich *Welt* nur „ein Wort für das Gesamtspiel dieser Aktionen […] Es bleibt kein Schatten von Recht mehr übrig, hier von Schein zu reden" (XIII, 371). Damit versucht Nietzsche, die systematische Mehrdeutigkeit von *scheinbar* so zu bereinigen, dass dem Begriff nur mehr seine negative, abwertende Bedeutung bleibt; und tatsächlich bietet er in derselben Notiz auch ein Wort an, das anstelle von *Schein* verwendet werden kann, wenn keine Wahrheit als Kontrast mehr da ist: es ist das Wort *Perspektive*: „Das Perspektivische also gibt den Charakter der ‚Scheinbarkeit' ab! Als ob eine Welt noch übrigbliebe, wenn man das Perspektivische abrechnete! Damit hätte man ja die Relativität abgerechnet […]" (ebd.).

In Diskussionen, die seit dem 20. Jahrhundert um den (und mit dem) Begriff *Relativismus* geführt werden, spielt dieses nietzscheanische Konzept des Perspektivischen immer wieder eine Rolle: Als Absage an eine Ausrichtung der Wissenschaft, des Denkens, der Philosophie auf absolute, jenseits des Erkenntniswillens feststehende Wahrheit. Manchmal wird es als Philosophie gegen die Wahrheit schlechthin interpretiert, manchmal als Aufruf zur Vermehrung (und Verbilligung) der Wahrheiten. Es gibt freilich mindestens zwei Elemente in Nietzsches Perspektive-Denken, die seine Einbindung in einen allgemeinen Relativismus komplizieren. Das eine ist sein Verständnis der Deutung als Aktion: „Die ‚scheinbare Welt' reduziert sich also auf eine spezifische Art von Aktion auf die Welt" (XIII, 371). Dieses *Spezifische* auszubilden und in das *Tatsächliche einzuformen* erfordert Disziplin. Eine Perspektive ist „Ausdeutung der Tat und nicht bloß begriffliche Umdichtung" (XII, 359) – also eben nicht bloß ein anderes mögliches Bild der Welt. Den Perspektivismus als solchen fasste Nietzsche nicht als eine Theorie, die man etwa in erkenntnistheoretischen Auseinandersetzungen gegen andere Auffassungen abwägen könnte.

Der andere Punkt ist, dass ihm der Gedanke der *Gleichwertigkeit* verschiedener Perspektiven fremd war. Daraus, dass es „kein ‚anderes', kein ‚wahres', kein wesentliches Sein" gibt (XIII, 371), schließt er gerade nicht auf die Beliebigkeit der Deutungen: „jede Ausdeutung ein Symptom des Wachstums oder des Untergehens" (XII, 120). Für die Einformung einer Deutung, die Verbindlichkeit einer Perspektive gilt: „Das Maß von Macht bestimmt, welches Wesen das andre Maß von Macht hat: unter welcher Form, Gewalt, Nötigung es wirkt oder widersteht" (XIII, 271). Auch wenn perspektivische Deutungen im Sinne Nietzsches nicht auf ein *anderes Sein* hin geordnet sind, so sind sie doch geordnet: nach einem Maß der Macht.

Gegen Nietzsche – und gegen relativistische Positionen, die ihn für sich reklamieren – wird gelegentlich eingewendet, ein konsequenter Perspektivismus widerlege sich selbst: Welche Verbindlichkeit soll schon eine Philosophie haben, die eine interessenunabhängige Instanz der Bewahrheitung leugnet? Will sie sich als wahr durchsetzen, so geht die kleine List, hat sie sich ja schon selbst der Falschheit gezeihen. Ein Weg, um Nietzsche innere Inkonsistenz nachzuweisen, ist das allerdings nicht: Für ihn steht ja sowieso fest, dass wer die Wahrheit braucht, um seinen Worten Verbindlichkeit zu geben, schwach ist. Noch viel weniger trifft man ihn mit dem scheinbar schlaueren Zusatz, er könne doch auch die besondere Perspektive des Absolutismus nicht apriori ausschließen, und müsse somit eingestehen, dass seine eigene Position möglicherweise verfehlt sei. Denn dieses eine: Welche besondere und beschränkte und verhängnisvolle Perspektive die der *wahren Welt ist* – das hat Nietzsche ausführlich genug gezeigt. Hingegen ist es lehrreich, sich den Einwand als von außen kommend vorzustellen, als Nachfrage, welche Verbindlichkeit für uns eine solche Philosophie haben kann – und ob sie darüber hinausgeht, dass wir seiner Bitte im Vorwort von „Ecce homo" entsprechen: „Hört mich! denn ich bin der und der. Verwechselt mich vor Allem nicht!" (VI, 257), und ihm auf diese Weise bestätigen, dass er einer Deutung seinen Namen gegeben, in unsere Welt *Sinn hineingelegt* habe. Auf dieses unser Gehör angewiesen zu sein ist das Risiko, das er mit der Entscheidung einging, sich die Überzeugungskraft seiner Rede nicht dadurch zu kaufen, dass er ihre Wahrheit nachzuweisen versuchte.

Heidegger

Nietzsches Denken wirkte in die Literatur und die Künste, in die Methodologie-Debatten der sogenannten Geisteswissenschaften und in die politischen Ideologien des ausgehenden 19. und des 20. Jahrhunderts; in der Philosophiegeschichte im engeren Sinn prägte es eine Strömung mit, die man *Lebensphilosophie* nennt. Späte, aber wesentliche Resonanz fand es in der zweiten Hälfte des 20. Jahrhunderts im Werk von Michel Foucault, der das Konzept der Genealogie in großen historischen und methodologischen Studien zum Verhältnis von Macht, Aussage und Wahrheit weiterführte. Was jedoch die frühe Rezeption betrifft, so hat manche Philosophen wohl am stärksten die Simultaneität verblüfft, die Nietzsche zwischen aktueller Wissenschaftskritik einerseits und einer um Jahrtausende zurückliegenden Denkszenerie herzustellen verstand (ein Effekt, den er schon in seiner frühen Schrift über „Die Geburt der Tragödie aus dem Geist der Musik" produziert hatte). Dass er mit einer Mobilisierung der Sophistik gegen Sokrates im 19. Jahrhundert die Einbindung der abendländischen Philosophie in den Rahmen von Wissen, Wahrheit und Sein so spektakulär in Frage stellen konnte, suggerierte ein verallgemeinerbares Modell für *radikalen Neuanfang.* Es operiert nicht, wie der von Descartes ausgegangene Rationalismus, mit Vergessen alles Bisherigen, sondern mit Rückkehr zum vergessenen Ältesten. Martin Heideggers Denkweg von Edmund Husserl über die Vorsokratiker bis zum „Entwurf aus dem verschlossenen Grund" (Heidegger 1950, 63) ist solch ein Projekt.

Wenn es ohne die indirekte Inspiration durch Nietzsche schwer vorstellbar ist, so setzt es aber doch gegensätzliche Schwerpunkte, gerade hinsichtlich des Begriffes der Wahrheit. Man könnte sagen: Während Nietzsche die Kräfte der Rede aus dem Gravitationsfeld der *wahren Welt* zu befreien suchte, strebte Heidegger immer konsequenter einer Wahrheit zu, die weitgehend von der Rede (und insbesondere allen diskursiven, logisch-rationalen Strukturen) entkoppelt war.

Schon in seinem 1927 erschienenen Buch „Sein und Zeit" setzte er sich das Ziel, die enge Verknüpfung mit der Aussage (Behauptung, Urteil), die seit Aristoteles den wesentlichen Zugang zum Wahrheitsbegriff bildet, zu lösen; die Strategie bestand darin, die Aussage bloß zur speziellen Form einer tiefer verankerten Welteinstellung zu erklären, in der Wahrheit ihren ursprünglichen Sinn habe; jene grundlegendere Einstellung wird durch Ausdrücke bezeichnet, die sie in verschiedenem Grad an die Sprache binden: einmal als „Auslegung" (Heidegger 1927, §33, S. 153f.: Aussage als „abgeleitete Vollzugsform der Auslegung"), ein anderes Mal als „Aufzeigung" oder „Sehen lassen" (ebd., 154). Wichtig ist dabei, dass es sich nicht um die Umkehrung jenes Weges handelt, der von Platon zu Aristoteles führte – also jetzt von der Aussage-Wahrheit zurück zu der Vorstellung eines *wahrhaft Seienden* oder des *wahren Seins*. Sondern Heidegger analysiert dieses Aufzeigen als Dimension im (menschlichen) Dasein als solchen: Was er „Erschlossenheit der Welt" nennt, ist nicht eine bestimmte Art der Beziehung zwischen der Welt und dem menschlichen Dasein, sondern „eine Weise des Seinkönnens des Daseins" selbst (Heidegger 1927, §31, 147); in diesem Sinn ist *Erschlossenheit* das *existential*-ontologische Fundament von Wahrheit. Das Wort *logos* bedeutet auf dieser Ebene in erster Linie „aufweisendes Sehenlassen" (Heidegger 1927, § 7, 33), und weder Zusammengesetztheit, noch Übereinstimmung sind primäre Charakteristika der Wahrheit. Dieses Konzept hat noch viel gemeinsam mit Edmund Husserls Gedanken von einer echten *adaequatio rei et intellectus* in der „letzten Erfüllung" der Vorstellungsintention in der Wahrnehmung (Husserl 1992, 647f.). Auch seine Unterscheidung zwischen Evidenz als „totaler Deckung" und Urteilsrichtigkeit (Husserl 1992, 652f.) nimmt Heidegger auf, wenn er das „schlichte, sinnliche Vernehmen von etwas" (*aisthesis*) als das (gegenüber dem *logos*) ursprünglichere Wahre der Griechen (Heidegger 1927, §31, 147) bezeichnet.

In einer Vorlesung aus der letzten Phase der Entstehung von „Sein und Zeit" („Logik. Die Frage nach der Wahrheit") stellte Heidegger manche Aspekte seiner Auffassung von Wahrheit als Erschlossenheit ausführlicher dar und versuchte insbesondere nachzuweisen, dass eigentlich auch schon Aristoteles selbst dem ursprünglich vor-prädikativen Charakter der Wahrheit Rechnung getragen habe. Er konzentrierte seine Interpretation ausschließlich auf das letzte Kapitel des neunten Buches der „Metaphysik", eine sorgfältige Darstellung der Abhängigkeiten zwischen Aussage, Zusammensetzung und Wahrheit; insbesondere wird dort jener Typus eines täuschungsfreien Bezuges auf Inhalte diskutiert, der etwa in der Wahrnehmung vorliegt (Aristoteles: De Anima, 428b). Der Bezug auf schlechthin Unzusammengesetztes, Unbewegliches, Unveränderliches (Zahlen etwa) sei strukturell ähnlich zu sehen: In diesen Fällen, meint Aristoteles (Aristoteles: Metaphysik, 1051b33ff.), wäre es witzlos, von Wahrheit als Übereinstimmung zu sprechen. Heidegger versucht mit allen Mitteln, aus diesen Überlegungen eine Fundierung der Aussage-Wahrheit in der täuschungsfreien Präsenz herauszulesen – „Wir wollen uns die Interpretation des Kapitels erleichtern dadurch, dass wir eine schon aus ihr erwachsene Übersetzung voranschicken" (Heidegger 1925, 174). Freilich hebt Aristoteles die Eigenart solcher Bezugstypen hervor und prägt für sie einen besonderen Gebrauch von *Wahrheit*: nämlich als Erkennen im Sinne eines Berührens (*tigein*), das entweder stattfindet oder nicht – und wo es weder Falschheit noch Täuschung geben kann. Aber nur als Grenzfall, in der Abhebung gegen das Paradigma der Übereinstimmung, kann dieser Begriff einer *Kontakt-Wahrheit* überhaupt geprägt werden (eine konsequente Interpretation der Aussagen über Unzusammengesetztes als Existenz-Aussagen gibt Paolo Crivelli (Crivelli 2004, 100ff.)).

In denselben Texten hat Heidegger aber noch eine andere, in vieler Hinsicht produktivere Denklinie vorgezeichnet. Erschlossenheit ist keineswegs bloß ein instrumentaler Begriff mit der Funktion, gleichsam unterhalb der Aussage noch eine Ebene des Weltbezuges einziehen zu können. Er ist vielmehr inhaltlich interpretiert als Dimension der pragmatischen Orientierung im *Zuhandenen*, wo der Bezug nicht auf ein *Worüber*, sondern ein *Womit* geht, und nicht als Aussage, sondern als *Verrichtung* und *Zutunhaben* Form annimmt (Heidegger 1927, §33, 158). In der Vorlesung heißt es sogar einmal direkt: „Wie steht es nun mit der Aussage? In dieser wird das Womit des Zutunhabens zum Worüber eines Aufzeigens" (Heidegger 1925, 154). Der Gebrauch der Dinge und die Bewandtnis, die es mit ihnen hat – das sind Weisen der Erschlossenheit, die als solche bereits die Welt deuten und insofern der Aussage-Wahrheit ein Fundament geben. Mit solchen Positionen rückt Heidegger auch inhaltlich an Nietzsche heran, und diese Konstellation ist bis ins späte 20. Jahrhundert für viele interessant geblieben, die nach Affinitäten zwischen dem amerikanischen Pragmatismus und der europäischen Philosophie suchten. Heidegger selbst verfolgte diese Ansätze von den 1930er-Jahren an nicht weiter – und doch kommt ihnen, unter einem gleichsam strategischen Gesichtspunkt, für seine Entwicklung höchste Bedeutung zu. Denn was er nicht zurücknahm war die Entscheidung, in der Suche nach dem *Ort der Wahrheit* der theoretischen Reflexion, der metaphysischen Theoriebildung die Priorität zu entziehen. In einem Vortrag, den er 1935 unter dem Titel „Der Ursprung des Kunstwerks" hielt und später in dem Band „Holzwege" veröffentlichte (Heidegger 1950), entfaltete Heidegger die Grundzüge einer *poietischen* Philosophie der Wahrheit: „Die Kunst lässt die Wahrheit entspringen" (Heidegger 1950, 64).

Der Text zweigt sehr präzise von seiner früheren Philosophie ab: Er beginnt nicht zufällig mit ausführlichen Überlegungen zum Begriff des Dinges, die sich schrittweise, ausgehend von traditionell-philosophischen Lehrmeinungen, auf das Gebrauchsding, dessen Zeug-Charakter und schließlich auf den Begriff des Werkes konzentrieren. Wenn Heidegger dann an einem bestimmten Punkt sagt: „Im Werk ist die Wahrheit am Werk [...]" (Heidegger 1950, 44), so wird das aber nun weder als Argument für die Zweitrangigkeit der Aussage-Wahrheit verwendet, noch ist es Anlass, gleichsam zurückzugehen zu einer entsprechenden allgemeineren Bestimmung der Wahrheit – ein derartiger Übergang führte in „Sein und Zeit" etwa vom Zuhandenen und seiner Bewandtnis zur Entdecktheit und schließlich Weltlichkeit und Erschlossenheit (Heidegger 1927, §18–20, 83ff.). Zwar spielt im „Ursprung des Kunstwerks" das Verständnis der Wahrheit als *Unverborgenheit* durchaus die Rolle einer solchen allgemeineren Bestimmung – und wird insofern auch als Antwort auf die Frage nach dem Wesen der Wahrheit zugelassen. Aber Heideggers Gedanken bewegen sich nun konsequent in der entgegengesetzten Richtung: nämlich den Inhalt des Begriffes *Unverborgenheit* (unabhängig von der Referenz auf die griechische *aletheia*) in Aspekte aufzugliedern, die allesamt eine Bedeutung im Kontext von Begriff und Erfahrung des Werkes haben. Eine erste Linie führt etwa von der Unverborgenheit zu den Begriffen des *Offenen* und der *Lichtung*, um schließlich bei einer wechselseitigen Bestimmung von Welt und Erde ihr vorläufiges Ende zu finden: Erde, die als „Sichverschließendes" in eine Welt aufgehen kann, und Welt, die nur in der Erde gründen und bleiben kann (Heidegger 1950, 44). Dieser Gedanke ist am „Dastehen eines Tempels" orientiert und wird ausdrücklich als Verdeutlichung des Wesens der Wahrheit bezeichnet – sofern er nämlich gezeigt habe, was im Werk am Werk ist.

Auch wenn solche Reflexionen spekulativ, vage und ohne ersichtlichen Nutzen für die Kunstphilosophie als solche sein mögen – sie belegen die Ernsthaftigkeit von Heideggers Frage: „Welchen Wesens ist die Wahrheit, dass sie ins Werk gesetzt werden kann oder unter bestimmten Bedingungen sogar ins Werk gesetzt werden muss, um als Wahrheit zu sein?" (Heidegger 1950, 45). Für ihn selbst war das meiste, was er noch zu ihrer Beantwortung beitrug, von der weiteren Prämisse abhängig, dass alle Kunst im Wesen Dichtung sei (Heidegger 1950, 60) – die Vorstellung einer durch die Dichtung *gestifteten Wahrheit* wurde zum Schlüsselbegriff in seinem Versuch, den *Ort der Wahrheit* aus einer poetologischen Perspektive zu bestimmen. Man darf ihn auch als Experiment betrachten, wie weit in der Philosophie der Begriff der Wahrheit gleichsam weg bewegt werden kann vom Paradigma der *wahren Aussage*, ohne seine Identität als philosophischer Begriff aufs Spiel zu setzen.

Anhang

Ich danke dem Verlag facultas.wuv – und insbesondere Sabine Kruse – für freundliche und kompetente Betreuung. Sebastian Baldinger, Alfred Dunshirn und Georg Schiemer danke ich für wichtige sachliche Hinweise und Kommentare zu Teilen des Buches. Meiner Frau Kristina danke ich für die Geduld und Unterstützung, mit der sie meine Arbeit daran begleitet hat.

Literatur

Anselm von Canterbury. De veritate. Stuttgart-Bad Cannstatt: Frommann Holzboog 1966.

Aristoteles: Analytica priora. In: Analytica priora et posteriora. Hg. von L. Minio-Paluello. Oxford: Oxford University Press 1964.
Auf die einzelnen Aristoteles-Stellen wird im Text auf die übliche Weise mit den Seiten, Spalten und Zeilen der Bekker-Ausgabe Bezug genommen.

— De Anima. Hg. von W. D. Ross. Oxford: Oxford University Press 1979.

— De Interpretatione. In: Categoriae et de interpretatione. Hg. von L. Minio-Paluello. Oxford: Oxford University Press 1980.

— Metaphysik. Übers. von Hermann Bonitz. Hamburg: Rowohlt 1966.

Austin, John L.: Zur Theorie der Sprechakte (How to do Things with Words). Stuttgart: Reclam 1972.

Blumenberg, Hans: Paradigmen zu einer Metaphorologie. In: Archiv für Begriffsgeschichte 6 (1960), 7–147.

— Die kopernikanische Wende. Frankfurt a. Main: Suhrkamp 1965.

— Die Legitimität der Neuzeit. Frankfurt a. Main: Suhrkamp 1966.

— Die Genesis der kopernikanischen Welt. Frankfurt a. Main: Suhrkamp 1975.

Butterfield, Herbert: The Origins of Modern Science. New York: Macmillan 1965.

Carnap, Rudolf: Introduction to Semantics. Cambridge Mass.: Harvard University Press 1942.

— Meaning and Necessity. Chicago: University of Chicago Press 1947.

Cassirer, Ernst: Das Erkenntnisproblem in der Philosophie und Wissenschaft der neueren Zeit. Band I. Hildesheim: Olms 1971.

Collins, Randall: The Sociology of Philosophies. A Global Theory of Intellectual Change. Cambridge Mass.: Harvard University Press 1998.

Copernicus, Nicolaus: Über die Kreisbewegungen der Weltkörper (De revolutionibus orbium coelestium). Hg. von Georg Klaus. Berlin: Akademie 1959.

Davidson, Donald [TM]: Truth and Meaning. In: Inquiries into Truth and Interpretation. Oxford 1984, 17–36.

— [TMLL]: Theories of Meaning and Learnable Languages. In: Inquiries into Truth and Interpretation. Oxford 1984, 3–15.

— Struktur und Gehalt des Wahrheitsbegriffs. In: Wozu Wahrheit? Hg. von M. Sandbothe. Frankfurt a. Main: Suhrkamp 2005, 140–209.

Descartes, René: Die Prinzipien der Philosophie. Übers. von Artur Buchenau. Hamburg: Meiner 1965.

Engisch, Karl: Wahrheit und Richtigkeit im juristischen Denken. München: Hueber 1963.

Field, Hartry: Tarski's Theory of Truth. In: Truth and the Absence of Fact. Oxford: Clarendon Press 2001, 3–26.

Frege Gottlob [BS]: Begriffsschrift: In: Begriffsschrift und andere Aufsaetze. Hildesheim, New York: Olms 1971.

— [BW]: Briefwechsel mit D. Hilbert, E. Husserl, B. Russell sowie ausgewählte Einzelbriefe. Hg. von Gottfried Gabriel u. a. Hamburg: Meiner 1980.

— [FB]: Funktion und Begriff. In: Funktion, Begriff, Bedeutung. Fünf logische Studien. Göttingen: Vandenhoeck und Ruprecht 1969, 18–39.

— Der Gedanke. In: Logische Untersuchungen. Göttingen: Vandenhoeck und Ruprecht 1966, 30–53.

— [GGA]: Grundgesetze der Arithmetik. (Nachdruck d. Ausg. Jena 1903) . Hg. von Christian Thiel. Hildesheim, Zürich, New York: Olms 1998.

— [SB] : Über Sinn und Bedeutung. In: Funktion, Begriff, Bedeutung. Fünf logische Studien. Göttingen: Vandenhoeck und Ruprecht 1969, 40–65.

Galilei, Galileo: Il saggiatore. Bologna 1655.

Gorgias [Helena]: Encomium of Helen. Hg. von D. M. MacDowell. Bristol: Bristol Classical Press 1982.

Der Gorgias-Text wird nach der Ausgabe von MacDowell zitiert, die Stellenangaben bezeichnen Absätze. Die Interpretation der „Lobrede auf Helena" von Gorgias folgt der Darstellung des Textes: „Sprache der Verführung. Gorgias über den Fall der Helena." In: Richard Heinrich: Verzauberung, Methode und Gewohnheit. Skizzen zur philosophischen Intelligenz. Maria Enzersdorf: Edition Rösner 2003.

Grabher, Peter: Die Pariser Verurteilung von 1277. Kontext und Bedeutung des Konflikts um den radikalen Aristotelismus. Wien: Diss. Universität Wien 2005.

Grosseteste, Robert: De veritate. In: Die philosophischen Werke des Robert Grosseteste. Münster: Aschendorff 1912, 130–142.

Heidegger, Martin: Logik. Die Frage nach der Wahrheit. Vorlesung WS 1925. Hg. von Walter Biemel. Frankfurt a. Main: Klostermann 1976.

— Sein und Zeit. Tübingen: Niemeyer 1967 (1927).

— Der Ursprung des Kunstwerkes. In: Holzwege. Frankfurt a. Main: Klostermann 1952.

Husserl, Edmund: Logische Untersuchungen II, 2. In: Gesammelte Schriften. Hamburg: Meiner 1992.

Kant, Immanuel: Werke in sechs Bänden. Hg. von Wilhelm Weischedel. Frankfurt a. Main: Insel 1956.
Die Texte Kants werden nach der sechsbändigen Werkausgabe zitiert, die Seitenangaben erfolgen aber nach der Originalpaginierung der jeweiligen Werke.

— [Fak]: Der Streit der Fakultäten. In: Werke VI, 261–393.

— [KrV]: Kritik der reinen Vernunft. In: Werke II.

— [MS]: Metaphysik der Sitten. In: Werke IV, 303–634.

— [WiA]: Beantwortung der Frage: Was ist Aufklärung? In: Werke VI, 51–61.

Kerferd, G. B.: The Sophistic Movement. Cambridge: Cambridge University Press 1982.

Kitcher, Philip: Science, Truth, and Democracy. Oxford: Oxford University Press 2001.

Kneale, William, Kneale, Martha: The development of Logic. Oxford: Clarendon Press 1962.

Kripke, Saul: Outline of a Theory of Truth. Journal of Philosophy. 1975, 72, 690–716.

Lazare, Bernard: Une erreur judiciaire. La vérité sur l'affaire Dreyfus. Bruxelles: 1896.

Marion, Jean-Luc: Sur l'ontologie grise de Descartes. Paris: Vrin 1981.

Moravcsik, J. M. E: Logic before Aristotle: Development or Birth? In: Greek, Indian and Arabic Logic. Hg. von Dov M. Gabbay und John Woods. Amsterdam, Boston et al.: Elsevier 2004 (= Handbook of the History of Logic I), 1–25.

Neumann, Ulfrid: Wahrheit im Recht. Baden-Baden: Nomos 2004.

Newton und Voltaire. Hg. von Horst-Heino Borzeszkowski und Renate Wahsner. Berlin: Akademie 1980.

Nietzsche, Friedrich: Sämtliche Werke. Studienausgabe. Hg. von Giorgio Colli und Mazzino Montinari. München, Berlin, New York: Deutscher Taschenbuch Verlag, De Gruyter 1980.

Pagès, Alain: Emile Zola, un intellectuel dans l'affaire Dreyfus. Histoire de „J'accuse". Paris: Librairie Séguier 1991.

Paléologue, Maurice: Tagebuch der Affaere Dreyfus. Dt. Uebers. Stuttgart: Deutsche Verlags-Anstalt 1957.

Platon: Werke in acht Bänden. Hg. von Gunther Eigler. Darmstadt: Wissenschaftliche Buchgesellschaft 1977.

Platon wird nach der zweisprachigen Ausgabe der Wissenschaftlichen Buchgesellschaft zitiert, die einzelnen Stellen werden im Text nach der Stephanus-Ausgabe angegeben.

— Gorgias. In: Werke 2, 269–503.

— Kratylos. In: Werke 3, 395–575.

— Menon. In: Werke 2, 505–599.

— Phaidon. In: Werke 3, 1–207.

— Phaidros. In: Werke 5, 1–193.

— Sophistes. In: Werke 6, 219–401.

— Staat. In: Werke 4, 1–875.

Putnam, Hilary: Do true assertions correspond to reality? In: Mind, Language, and Reality. Philosophical Papers 2. Cambridge: Cambridge University Press 1975.

Ramsey, Frank P. [GM]: Die Grundlagen der Mathematik. In: Grundlagen. Abhandlungen zur Philosophie, Logik, Mathematik und Wirtschaftswissenschaft. Stuttgart-Bad Cannstatt: Frommann-Holzboog 1980, 131–177.

— [TS]: Tatsachen und Sätze. In: Grundlagen. Abhandlungen zur Philosophie, Logik, Mathematik und Wirtschaftswissenschaft. Stuttgart-Bad Cannstatt: Frommann-Holzboog 1980, 41–55.

Rankin, H. D.: Sophists, Socratics, and Cynics. London: 1983.

Rhetikus, Georg Joachim: Erster Bericht über die 6 Bücher des Kopernikus von den Kreisbewegungen der Himmelsbahnen. München, Berlin 1943.

Sambursky, Samuel: The physical world of the Greeks. London: Routledge & Kegan Paul 1956.

Schiappa, Edward: Protagoras and Logos: A Study in Greek Philosophy and Rhetoric. Columbia SC: University of South Carolina Press 2003.

Schmeiser, Leonhard: Die Erfindung der Zentralperspektive und die Entstehung der neuzeitlichen Wissenschaft. München: Fink 2002.

Soames, Scott: Understanding Truth. New York: Oxford University Press 1998.

Stegmüller, Wolfgang: Das Wahrheitsproblem und die Idee der Semantik. Wien, New York: Springer 1968.

Striker, Gisela: kriterion tes aletheias. In: Essays on Hellenistic Epistemology and Ethics. Cambridge: Cambridge University Press 1996, 22–76.

— The problem of the criterion. In: Essays on Hellenistic Epistemology and Ethics. Cambridge: Cambridge University Press 1996, 150–165.

Szaif, Jan: Platons Begriff der Wahrheit. Freiburg, München: Alber 1996.

Tarski, Alfred [ESS]: The Etablishment of Scientific Semantics. In: Logic, Semantics, Metamathematics. Hg. von John Corcoran. Indianapolis: Hacking 1983, 401–408.

— [LC]: On the Concept of Logical Consequence. In: Logic, Semantics, Metamathematics. Hg. von John Corcoran. Indianapolis: Hacking 1983, 409–420.

— [SKW]: Die semantische Konzeption der Wahrheit und die Grundlagen der Semantik. In: Zur Philosophie der idealen Sprache. Hg. von Johannes Sinnreich. München: Deutscher Taschenbuch Verlag 1972, 53–100.

— [WFS]: Der Wahrheitsbegriff in den formalisierten Sprachen. In: Logik-Texte. Kommentierte Auswahl zur Geschichte der modernen Logik. Hg. von Karel Berka und Lothar Kreiser. Darmstadt: Wissenschaftliche Buchgesellschaft 1983, 445–546.

Thomas von Aquin: Von der Wahrheit. De veritate (Quaestio I). Hamburg: Meiner 1986.

Veyne, Paul: Les Grecs ont-ils cru a leurs mythes? Paris: Seuil 1983.

Wieland, Wolfgang: Platon und die Formen des Wissens. Göttingen: Vandenhoeck und Ruprecht 1982.

Williams, Bernard: Wahrheit und Wahrhaftigkeit. Frankfurt a. Main: Suhrkamp 2002.

Wolff, Michael: Geschichte der Impetustheorie. Frankfurt a. Main: Suhrkamp 1978.

Zola, Emile: J'accuse. In: L'aurore 2 (1898), Nr. 87.

Zolas „J'accuse" wird nach einer paginierten elektronischen Version zitiert: http://www.inlibroveritas.net/lire/oeuvre2575-page18.html#page (zuletzt am 12.9.2008). Wichtige Information zur Dreyfus-Affäre wurde der Sondernummer „L'affaire Dreyfus. Vérités et mensonges" der Zeitschrift „L'Histoire" entnommen: Nr. 173, Paris, Jan. 1994.

Personenregister